Emma Stark

Propheten, Politik & Nationen

Emma Stark

Propheten, Politik & Nationen

Was sagt Gott zu diesen Themen
in unseren turbulenten Zeiten?

GloryWorld-Medien

1. Auflage 2024

Bibelzitate sind, falls nicht anders gekennzeichnet, für das Neue Testament der Übersetzung „Jesus der Messias" (GloryWorld-Medien 2024) und für das Alte Testament der Elberfelder Bibel, Revidierte Fassung von 2006 entnommen.
Weitere Bibelübersetzungen:

GNB: Gute Nachricht Bibel, 2002
HFA: Hoffnung für alle, Basel und Gießen, 1983
LUT: Lutherbibel, Revidierte Fassung von 2017
NeÜ: Neue evangelistische Übersetzung © 2013 Karl-Heinz Vanheiden
NLB: „Neues Leben. Die Bibelübersetzung", Holzgerlingen, 2017

Das Buch folgt den Regeln der Deutschen Rechtschreibreform. Die Bibelzitate wurden diesen Rechtschreibregeln angepasst.

Übersetzung/Satz: Manfred Mayer
Umschlaggestaltung: Destiny Image / Jens Neuhaus, www.7dinge.de

Printed in the European Union

ISBN: 978-3-95578-642-7
Bestellnummer: 356642

Erhältlich beim Verlag:

GloryWorld-Medien
Beit-Sahour-Str. 4
D-46509 Xanten
Tel.: 02801-9854003
Fax: 02801-9854004
info@gloryworld.de
www.gloryworld.de

oder in jeder Buchhandlung

Inhalt

Einführung

Das lebhafteste Vergnügen, das ein Mensch in der Welt haben kann, ist, neue Wahrheiten zu entdecken; das nächste von diesem ist, alte Vorurteile loszuwerden.[1]

Friedrich II., der Große (1712–1786), preußischer König

Ich bin in Nordirland während der Zeit der „Troubles" aufgewachsen, einem Bürgerkrieg, der von den späten 1960er Jahren bis zum Karfreitag 1998 dauerte. Autobomben, Schüsse in die Knie, Terrorismus, Angst und Hass waren an der Tagesordnung. Der ohrenbetäubende Lärm der Bombe, die in der Nähe der Kirche meines Vaters platziert wurde und unser Stadtzentrum zerstörte, wird mir immer in Erinnerung bleiben. Je mehr Gräber wir alle besuchten, desto schwieriger wurde es für die Nation, zu vergessen – oder sich friedlich nach vorne zu bewegen.

Ich bin in der protestantischen, unionistischen[2] Tradition aufgewachsen; und da mein Vater Pastor einer protestantischen Kirche war, bedeutete das, dass unsere Familie nicht nur bei der Beerdigung der Toten an vorderster Front stand, sondern sich auch öffentlich gegenüber der Gemeinde und der breiteren Gesellschaft äußern musste, um ihnen zu helfen, die schrecklichen Dinge zu verarbeiten, die um sie herum geschahen.

Aufgrund der völligen Trennung des Bildungssystems[3] und der Gesellschaft sowie unseres unterschiedlichen Freizeitverhaltens bin ich bis zur Mitte meiner Teenager-Jahre keinem einzigen römisch-katholischen Menschen begegnet! Katholiken und Protestanten in

---

[1] https://www.aphorismen.de/zitat/7643

[2] Die Unionisten befürworten den Verbleib Nordirlands im Vereinigten Königreich.

[3] Das Bildungssystem war in protestantische und katholische Schulen getrennt.

Nordirland waren eingeschworene Feinde, was sich sowohl in der Politik als auch auf den Straßen bemerkbar machte.

In ihrem Kampf um die „Rettung" der irischen Republik stimmten die meisten Katholiken nationalistisch oder „republikanisch", d. h. sie wollten, dass Nordirland sich von Großbritannien trennt und mit der Republik Irland vereinigt wird. Die Protestanten hingegen stimmten für die „Unionisten", d. h. sie wollten, dass Nordirland in der Union mit Großbritannien bleibt. Religion, Glaube und Politik wurden nie getrennt. Du bist in die Kirche gegangen, um zu zeigen, auf welcher politischen Seite du stehst. Wir haben das nie in Frage gestellt. Du hast die Nation „gerettet", indem du gewählt hast, und für viele ging es dabei buchstäblich um Leben und Tod.

Zur gleichen Zeit wuchs mein Mann David jenseits der Irischen See in Schottland auf. Seine Nation[4] wurde unruhig und rang darum, ob sie unabhängig von England und dem Rest des Vereinigten Königreichs sein sollte. Die *Scottish National Party* gewann immer mehr an Einfluss, und ein ganzes Volk war mittendurch gespalten und rang an der Wahlurne um seine Zukunft – entweder in einer harmonischen Einheit innerhalb des Vereinigten Königreichs zu bleiben oder unabhängig zu werden und die Verantwortung für die eigene Zukunft zu übernehmen.

Inmitten dieser Situation studierte ich Politik an der Universität und beschäftigte mich vier Jahre lang fast ausschließlich mit den besten Strukturen und Methoden für gesunde Nationen. Eines Tages sprach Gott dann zu mir und forderte mich auf, *entgegen* jeder politischen Neigung zu stimmen, die ich hatte – gegen jede tief verwurzelte, kulturell geprägte Ideologie, die in mir steckte, und gegen das, was ich für das Beste für eine Nation hielt.

Ich erinnerte mich an die Morddrohungen gegen meine Familie, als ich ein Kind war, und an die Blutrünstigkeit meiner vermeintlichen menschlichen Feinde und sagte zu Gott: „Herr, das kannst du doch nicht von mir verlangen?" Perplex, aber dennoch nachgiebig, und nach vielen Stunden, in denen ich Gott fragte:

---

[4] Im Vereinigten Königreich verstehen sich die vier Teile England, Schottland, Wales und Nordirland jeweils als Nation.

„Warum?" (und er mir nicht antwortete), stand ich auf und stimmte trotz meiner Vorbehalte gegen jede Überzeugung, die ich je gehabt hatte. Mir war schlecht. Aber an diesem Punkt begann Gott wieder zu sprechen und sagte: „*Jetzt* kann ich dir Offenbarungen über die Nationen anvertrauen, weil du deine persönlichen Vorlieben abgelegt hast."

Gehorsam ist aufregend, auch wenn es dir den Magen umdreht, weil du weißt, dass du dich einem liebenden Gott unterwirfst, der es besser weiß als du.

Unsere Aufgabe

> *Jesus trat heran und sagte ihnen: „Alle Macht ist mir gegeben worden im Himmel und auf der Erde. Geht nun und macht alle Völker zu Jüngern, indem ihr sie eintaucht in den Namen des Vaters und des Sohnes und des Heiligen Geistes und sie lehrt, alles zu halten, was ich euch geboten habe! Und ich bin jetzt mit euch, alle Tage, bis zum Ende der Welt"* (Matthäus 28,18-20).

Im Lärm und Druck unseres geschäftigen Lebens wissen wir, dass wir als Volk Gottes die Verantwortung dafür haben, das Evangelium zu verbreiten, die Völker zu Jüngern zu machen, die Kultur zu beeinflussen und nach der Rückkehr des Königs Jesus zu rufen. Das kann sich jedoch wie eine überwältigende Aufgabe anfühlen, und wie wir das tun sollen, ist oft unklar, vor allem, wenn wir vor der Wahlurne im Wahllokal stehen.

Es ist nicht immer offensichtlich, wie Jesus denken würde, wenn er an unserer Stelle wäre! Die Kultur schreit oft lauter als die Bibel, unsere Erziehung schreit uns leise in die Ohren – eine unbekannte, aber allgegenwärtige Tonspur – und manchmal leiten uns menschliche Lehren mehr als die Lehren von Jesus Christus. Wenn wir ehrlich zu uns selbst sind, beeinflussen uns die Reiche dieser Welt und ihre Herrlichkeit vielleicht mehr als das Reich Gottes.

Zeit für ehrliches Nachdenken

Unser Wunsch, Dinge „in Ordnung zu bringen", führt uns zu Handlungen, die wir gründlich reflektieren sollten, bevor wir sie tun. Wir leben in einer Zeit, in der wir uns Gedanken darüber machen sollten, wie wir denken und wem wir unsere Stimme geben. Wir müssen uns wirklich fragen, inwieweit wir tatsächlich mit Gott zusammenarbeiten, um sein Reich zu vergrößern, und inwieweit wir unsere Energie ungewollt in die Reiche dieser Welt stecken.

Als Menschen, die Jesus lieben, müssen wir uns ehrliche Fragen stellen, wie zum Beispiel:

- Ist es für Gott wichtig, wen ich wähle?
- Wie setze ich meine Prioritäten, was meine Verantwortung für das Wohlergehen der Nation angeht?
- Welche Rolle sollten vom Heiligen Geist erfüllte, prophetische Menschen inmitten unserer heutigen „Kulturkriege" spielen?

Wir sehen heute, dass die Politisierung unseres Glaubens eine rechtschaffene, biblische Verantwortung unterwandert. Extremer Nationalismus – bei dem unsere Nation, unsere Führer und unsere Gesetze auf dieselbe Stufe wie das Reich Gottes, Jesus Christus und die Heilige Schrift gestellt werden – greift immer mehr um sich, sogar in der Gemeinde Jesu. Es wird immer schwieriger, die Propheten von den politischen Experten zu unterscheiden, und nationalistische Ideologien werden häufig mit der Wahrheit des Evangeliums verwechselt. Manche parteipolitischen Versammlungen sehen aus und klingen wie ein Gottesdienst einer Pfingstgemeinde, während bei manchen kirchlichen Veranstaltungen mehr Nationalflaggen geschwenkt werden als bei einem internationalen Fußballspiel! Die Grenzen sind fließend.

Während ich dies schreibe und du diese Zeilen liest, möchte ich dich einladen, dich mit mir auf eine Reise zu begeben, um zu prüfen und nachzudenken und uns von der Person Jesu und der Heiligen Schrift herausfordern zu lassen, indem wir uns selbst unter einem heiligen Scheinwerferlicht betrachten und unser Leben unter die Lupe nehmen lassen, damit alle Unreinheiten beseitigt werden. Mögen wir alle auf unserer gemeinsamen Reise durch diese Seiten tief bewegt werden, darüber nachzudenken, wie wir den Nationen und der Politik mit einer solideren Gesinnung – der Gesinnung Christi – dienen können.

Das Aufeinanderprallen der Königreiche

Folgender Gedanke muss allem zugrunde liegen, was wir betrachten: Das Reich Gottes ist revolutionär und gefährlich für alle anderen Mächte. Es könnte unser derzeitiges Empfinden verletzen. Das Reich Gottes ist ein sich immer weiter ausbreitendes Reich. Wie der Prophet Jesaja schreibt: *„Er wird seine Herrschaft weit ausdehnen und dauerhaften Frieden bringen"* (Jesaja 9,7 HFA). Gott vergrößert ständig seine Herrschaft durch uns und vervielfacht seinen Einfluss mit einem unbegrenzten Wachstum. Seine königliche Macht und sein Einfluss auf dieser Erde werden weiter ins Unermessliche wachsen. Wir müssen damit rechnen, dass wir mit dem Gott zusammenarbeiten, der im Kern seines Wesens und seines Denkens will, dass wir bei der Verwirklichung seines Ziels, sein Reich zu vergrößern, erfolgreich sind.

Zwischen dem Reich Gottes und den Reichen dieser Welt – dem Reich der Finsternis – gibt es immer einen Konflikt. Als Jesus vom Geist Gottes in die Wüste geführt wurde, um versucht zu werden, bot Satan ihm die Reiche dieser Welt *„und ihre Herrlichkeit"* an (Matthäus 4,8). Satan bietet Jesus nicht nur bloße Besitztümer an, sondern auch weltliche Herrlichkeit. Es gibt eine Herrlichkeit, die dich verführen kann und von Satan angeboten wird, und wir haben einen Appetit auf diese falsche Herrlichkeit entwickelt – auf die Bewunderung von Menschen, auf die Machtpositionen, die von ihnen definiert werden. Wir sind stolz darauf, die Höhen der von Menschen erfundenen Strukturen zu erklimmen, auf die Art und Weise, wie Menschen denken, dass die Dinge in Ordnung gebracht werden sollten und auf eine Version von Dominanz und Einfluss, die über uns herrscht. Das mögen wir. Wir neigen dazu, ein populäres „prophetisches" Wort zu mögen, das billigen, einfachen Trost bietet, oder ein politisches „prophetisches" Wort, weil wir die Ehre Gottes gegen die Ehre der Menschen eingetauscht haben.

Das Reich Gottes

Das (König-)Reich Gottes ist weitgehend eine Gegenkultur zu den von Menschen gemachten Idealen des westlich geprägten Christentums und ist in Bezug auf die Wege der Menschen völlig subversiv. Die meisten von uns sind mit dem Begriff „Reich" aus der Geschichte vertraut. Normalerweise verstehen wir darunter militärische Mächte, wie das Römische Reich oder das Britische Empire. Diese Reiche eroberten und kontrollierten durch Unterwerfung und Gewalt, weshalb es leicht passieren kann, dass wir das Reich Gottes fälschlicherweise als ein herrschendes Imperium einstufen. Wenn wir uns das so vorstellen, denken wir irrtümlich, Gottes Reich funktioniere so, dass man sich nach oben, an die Spitze, vorarbeitet und dann von oben nach unten Einfluss ausübt.

Tatsächlich steht das Reich Gottes aber in krassem Gegensatz zu den satanisch konstruierten Gedankengängen, die wir haben. Vergiss nicht: Es ist revolutionär und gefährlich für alle anderen Mächte. Es ist ein Ärgernis und eine Bedrohung für die Mächte dieser Welt. Natürlich hat das Reich Gottes im Kern einen König mit königlicher Autorität und Macht, und es hat (sich ausdehnende) territoriale Grenzen (s. Jesaja 9,7), aber das Reich Gottes ist das Ebenbild Jesu Christi, sodass man nicht darüber sprechen sollte, wenn man das Wesen des dienenden Königs, den es widerspiegelt, nicht verstanden hat. Jahwe regiert kein Reich auf der Basis von Unterwerfung und Herrschaft von oben nach unten! Vielmehr ist er, da er die vollkommene Liebe ist, an der Befreiung und dem Wachstum seiner Familie interessiert, eine Person nach der anderen – jeder Mensch ist ihm wichtig. Die Entsendung seines Sohnes Jesus, der leiden und sterben musste, um den Zugang zu diesem Reich zu ermöglichen, zeigt, dass das Blut Christi uns zur Zugehörigkeit zum Reich Gottes befreit. Das wachsende Territorium des Reiches Gottes wird nicht in Quadratkilometern gemessen, sondern misst sich an der Zahl der Herzen der Söhne und Töchter, die dem guten Vater treu ergeben sind.

Ja, wir *sind* einem Herrscher unterworfen, und es ist wichtig, dass wir verstehen, dass wir einen König haben, der Herr ist; unser König ist jedoch eine gute Nachricht für alle Menschen – und kein anderes Reich ist eine wirklich gute Nachricht. Das Reich Gottes zeigt sich in nachweisbaren, messbaren Zeichen und Wundern, die das wahre Wesen des Schöpferkönigs verdeutlichen. Diese Wunder bestehen darin, dass Menschen geheilt werden, ihr Leben völlig umgekrempelt wird, Dämonen ausgetrieben werden, die Hungrigen gespeist werden, Sicherheit in einer ewigen Zukunft erlangt wird und Sünden vergeben werden, wenn man sie bereut. Das Königreich dehnt seine Grenzen aus, aber nicht durch Landnahme oder Gesetzesänderungen, sondern durch die Demonstration von Gottes Herrschaft über Sünde, Krankheit, Dämonen und Tod.

Im Reich Gottes gibt es kein Erstgeburtsrecht und keine Vetternwirtschaft – man erbt es nicht auf der Grundlage eines feudalen Abstammungssystems, das vom Vater auf den erstgeborenen Sohn vererbt wird! Es kommt vielmehr zu den Kindlichen und denen, die ihr Recht auf Selbstbestimmung aufgeben.

Der König regiert in dir, und seine Macht wohnt in dir. Er wohnt im Inneren von Männern und Frauen, die auf sein Rufen eingehen und ihm die Tür öffnen. Es lohnt sich, dafür alles aufzugeben. Es ist eine Freude, das zu wiederholen: Das Reich Gottes ist revolutionär und gefährlich für alle anderen Mächte! Du kommst nicht in sein Reich, indem du einfach hineinschlüpfst, ohne dich zu entscheiden. Nein! Starke Menschen ergreifen es – nicht weil sie mehr Dinge und Titel besitzen, sondern weil sie mehr Menschen befreien!

Die Reiche dieser Welt kennen nur die Herrschaft von oben nach unten, wo sie ihre Grenzen durch Invasion, Krieg und Eroberung mit militärischer Macht ausdehnen, während das Reich Gottes mit Macht und Autorität im Geist bewaffnet ist, damit du Herzen und Sinne befreien kannst. Satan wird immer für seine eigenen Zwecke manipulieren, aber die Macht Gottes zeigt sich insgesamt in einem veränderten, verwandelten Leben.

Das Reich Gottes duldet kein Leistungsdenken, keine Anmaßung, kein Ego, keinen Territorialismus, keine Tyrannei, keine von Menschen definierte Freiheit (individuelle Freiheit, zu tun, was ich will), keine menschlichen Strukturen und keine Politisierung des Glaubens, auch ist Gott nicht bereit, seine Ehre einem anderen zu geben (s. Jesaja 42,8). Gottes Reich ist immer im Krieg mit allem, was ihn von seinen Kindern fernhält; und die einzige Möglichkeit für seine Bürger, große Taten zu vollbringen, ist, dass sie ihren Gott kennen. Es ist revolutionärer, als du es bisher erkannt hast, und es geht nicht nur um die Treue zu Jesus und das Einhalten von Regeln – das Reich Gottes hasst religiöse Pflichten und Verpflichtungen.

Es braucht keine gesetzlich verordnete Redefreiheit, um zu überleben, es mag keinen Staat, der es begünstigt, es geht keine Kompromisse mit Gesetzgebern und waffenstarrender Nostalgie ein. Es erschüttert die Nationen in ihren Grundfesten und provoziert sie dazu, Jesus Christus entweder zu gehorchen oder ihn abzulehnen. Das klingt verräterisch!

Reich-Gottes-Revolutionäre

Das Evangelium vom Reich Gottes ruft die Welt zur Rechenschaft, und die Welt – einschließlich der Religiösen – ist gezwungen, die nicht zu unterschätzen, die es verkünden. Die Revolutionäre des Reiches Gottes werden abgesondert und in Brand gesetzt. Die Revolution des Reiches Gottes ist hier, die Revolution des Reiches Gottes ist jetzt! Weil das Reich Gottes für jedes System und jede menschliche Struktur verräterisch klingt, wird es immer diejenigen geben, die gegen dich hetzen – das gehört zu unserem Weg. Dieses Geräusch wird dich immer begleiten, wenn du dem Herrn treu bist.

Um deine Rolle im Leib Christi als revolutionärer Vorreiter des Königreichs zu erfüllen, wirst du eine Menge Schläge einstecken müssen, aber du musst dem Herrn treu sein:

- Wir kämpfen nicht für eine Struktur, sondern für eine *Beziehung*.
- Wir kämpfen nicht für eine Organisation; sondern für eine *Begegnung*.
- Wir kämpfen nicht um einen Platz am Tisch der Menschen, sondern treten mutig vor den Thron der Gnade, wo wir immer einen sicheren Stand haben und das Mitgefühl und die Freude Gottes über uns genießen können.

Wir müssen aufhören, die Menschen so auszubilden, dass sie nur innerhalb von geschaffenen, traditionellen Strukturen überleben, und dass sie nur in das passen, was wir tun. Stattdessen müssen wir die Menschen zurüsten, dass sie ihren Gott kennen, die Reiche dieser Welt untergraben und die Menschen von ihnen befreien. Wir sind also dazu aufgerufen, neugierig zu sein, etwas zu schaffen, Dinge zu zerschlagen, immer nach dem Warum zu fragen, zu experimentieren und zu verstehen, dass wir Katalysatoren sind, aber nicht immer Organisatoren.

Der Aufruf an die Reich-Gottes-Revolutionäre unter Gott lautet, (geistliche) Handgranaten zu werfen, herauszufordern, zu provozieren und zu erneuern. Das bedeutet, dass du dich damit abfinden musst, gelegentlich Fehler zu machen, denn im Zentrum des Königreichrevolutionärs steht eine Beziehung, die dich instinktiv *gegen die* Struktur der Welt aufbringt. Wenn dich also jemand feuert, wirst du derselbe Königreichrevolutionär sein und das Gleiche wieder tun. Indem du immer wieder Fragen stellst, wie das Reich Gottes aussehen soll, wirst du immer mehr dafür sorgen, dass Jesus im Mittelpunkt steht statt deine eigene Salbung.

Wenn du die Reiche dieser Welt geliebt hast, hast du, egal wie lange du in die falsche Richtung gegangen bist, immer noch die Chance, umzukehren.

Gebet

Vater Gott, es tut mir leid, dass ich dir nur langsam gehorcht habe und schwerhörig war, weil das, was du von mir verlangt hast, nicht in meine Richtung zu gehen schien. Jesus, hilf mir, dich zu hören und dir zu gehorchen – auch wenn ich es nicht verstehe und es mir nicht gefällt –, denn dein ist das Reich, die Kraft und die Herrlichkeit. Amen.

Kapitel 1

Gott erschüttert die Welt

> [Aslan] hob seinen Kopf und brüllte: „Jetzt ist es Zeit!", dann noch lauter: „Zeit!", und dann so laut, dass es die Sterne hätte erschüttern können: „Zeit!"
>
> C. S. Lewis
> *Die Chroniken von Narnia: Die letzte Schlacht*

Der Gott, der die Erde erschüttert

Als prophetische Menschen liegt es in unserer Verantwortung, die Zeitpläne Gottes zu verstehen. Wir müssen die Rhythmen des Himmels kennen und wissen, wo wir uns in der Geschichte befinden, die Gott auf der Erde erzählt. In dieser Zeit, im dritten Jahrzehnt des 21. Jahrhunderts, beobachten wir, wie Gott die Welt erschüttert. Drei aussagekräftige Übersetzungen von Jesaja 2,19 beschreiben, wie der Herr

- *„... sich aufmacht, die Erde zu schrecken."*
- *„... aufsteht und die Erde in Schrecken versetzt!"* (GNB)
- *„... sich erhebt, um die Erde zu erschüttern ..."* (NLB).

Das gibt dem Eindruck, dass Gott die Erde erschreckt, damit die Menschheit sich für ihn entscheidet, eine biblische Legitimität. Gott bewegt sich hier nicht, um ein einzelnes Individuum zu erschüttern, sondern die Gesamtheit des Menschengeschlechts – und die gesamte Natur – wird an diesem Punkt der Menschheitsgeschichte erschüttert. Gott ist ernteorientiert und legt uns Dornbüsche in den Weg, damit wir uns ausstrecken, um ihn zu finden. In seinen völlig erschreckenden Handlungen steckt immer ein erlösender Plan.

Jesaja sagt eindeutig, dass Gott „aufsteht". Das ist ungewöhnlich, denn meistens wird er in der Bibel als auf seinem Thron *sitzend* beschrieben (s. Jesaja 6; Daniel 7). Das zeigt, dass sich seine Herrlichkeit und auch seine gerichtliche, feurige Seite auf die sündige Erde *zubewegt*. Diese Wahrheit wird uns gegeben, damit wir den Gott verstehen, der die Erde erschüttert, um sie in einen Zustand zu stürzen, der dem Chaos des Anfangs vor der Schöpfung ähnelt, auf dass wir erkennen, dass die einzige Hoffnung Jesus ist. Das bedeutet, dass wir in der kommenden Zeit ungewöhnliche und abnormale Ereignisse auf der Erde erleben werden – Erdbeben: physisch, national, strukturell und politisch.

Nationen müssen sich entscheiden

Gottes Hand ist in den Nationen am Werk und bringt sie dazu, darüber nachzudenken, welche Art von Führung sie sich wünschen und wie ihre Zukunft aussehen soll. Ich schreibe dies zu Beginn des Jahres 2024, und dieses Jahr wird als das „Jahr der Wahl" bezeichnet, in dem die Nationen vor großen Veränderungen stehen – und nicht alles ist gut. Sieben der zehn bevölkerungsreichsten Nationen der Welt werden 2024 an die Wahlurnen gehen, und die Hälfte der Weltbevölkerung wird ihre Politik oder Regierung wählen. Das wird die Erde in eine Reihe von Jahren des Unheils führen. Wir könnten dies das „Krisenzeitalter" nennen.

Insgesamt werden 2024 voraussichtlich 64 Länder Wahlen abhalten, darunter die USA, Pakistan, Bangladesch, Mexiko, das Vereinigte Königreich, Indonesien, Indien, Russland, Taiwan, El Salvador, Aserbaidschan, Weißrussland, Senegal, Kambodscha, Iran, die Slowakei, die Dominikanische Republik, Südafrika, Ruanda, Mosambik, Rumänien und Kroatien.

Bei den meisten dieser Wahlen steht vieles auf dem Spiel, und dies wird eine Flutwelle des Nachdenkens über das, was wichtig ist, auslösen. Nach diesem Wahljahr werden sich die Kriege auf vielen Kontinenten verschärfen und die Nationen dazu bringen, weiter zu suchen und Dinge zu hinterfragen. Gott wird in nächster Zeit mit dem Druck auf die Welt nicht aufhören! Nichts davon sollte uns überraschen, denn Jesus hat in Matthäus 24 sehr deutlich gemacht, dass diese Dinge kommen werden. Viele Experten stellen sogar die Frage: „Stirbt die Demokratie?“[1]

In Umfragen gibt die jüngere Generation (unter 25 Jahren) an, dass sie gerne die Demokratie aufgeben würde, um einem dynamischen, diktatorischeren Führungsstil des „starken Mannes“ zu folgen. Für sie ist die Demokratie keine Lösung! Weltweit geben junge Menschen die Demokratie auf – vielleicht, weil sie feststellen, dass es ihnen trotz des Fortschritts in der Welt nicht besser geht als ihren Eltern.

Wir erkennen, dass die Welt mit Folgendem ringt:

1. Systemen
2. Geschichte
3. Traditionen
4. Werten

Die Nationen sind in Aufruhr und stellen Fragen wie:

- „Haben wir die Regierungsform, die wir wollen?“
- „Wie können wir uns von einer belastenden Vergangenheit befreien?“
- „Müssen wir Traditionen über Bord werfen?“
- „Gleiten unsere Werte ab und werden zu einem Gefängnis für uns?“

Die große Frage, die die Welt wirklich stellt, lautet: „Wie sieht Freiheit aus?“ Oder besser: „*Wer* verkörpert Freiheit?“

Der Geist des Antichristen hat ein großes, böses, generationenübergreifendes Werk vollbracht, indem er toxischen Führungspersönlichkeiten beibrachte, falsche Definitionen von Freiheit zu etablieren. Deshalb geben sich unsere Nationen einer Illusion von Freiheit hin, und falsche Regierungsideologien beeinflussen die Nationen. Wahrhaftig, die Nationen sind in die Irre geführt worden!

---

[1] BBC Radio 4 „Today Podcast“, 11. Januar 2024.

Was ist Freiheit?

Die meisten von uns und unseren Nachbarn würden die sogenannte „Freiheit“ wahrscheinlich so definieren: Ich habe die Möglichkeit, zu sein, wer ich sein möchte, zu tun, was ich tun möchte, zu verdienen, was ich verdienen möchte, zu besitzen, was ich besitzen möchte, mich so zu identifizieren, wie ich gesehen werden möchte, zu entscheiden, wie ich entscheiden möchte, und meine Rechte so zu definieren, wie es *mir* am besten passt.

Es gibt natürlich auch edlere Freiheiten, wie die Freiheit von Armut, Freiheit von Tyrannei und Freiheit von Sklaverei, aber diese werden in die von Dämonen gelehrten und inspirierten „Freiheiten“ eingewoben. Satan hat die Welt zu einem Gefängnis für ihre Bewohner gemacht. Er hat uns über die Freiheit getäuscht und uns in der Gefangenschaft seiner Werte, seiner Systeme, seiner Traditionen und *seiner* Geschichtsschreibung gefangen gehalten. Die Schlachtlinien sind gezogen!

Wie wir Freiheit definieren, ist jetzt *wirklich* wichtig. Letztlich geht es – biblisch gesehen – nicht um ein politisches System. Die Wahrheit ist vielmehr die:

- Freiheit bedeutet, frei zu sein vom Gesetz der Sünde und des Todes.
- Freiheit bedeutet, frei zu sein von der Gefangenschaft der Sünde und des Todes.
- Freiheit bedeutet, frei zu sein von den Strukturen der Sünde und des Todes.
- Freiheit bedeutet, frei zu sein von den Werten der Sünde und des Todes.
- Freiheit bedeutet, frei zu sein von den Folgen der Sünde und des Todes.
- Freiheit bedeutet, frei zu sein, wie Jesus Christus zu sein.
- Freiheit bedeutet, frei zu sein, um dem Bild von Jesus zu entsprechen.

- Freiheit bedeutet, sich seiner ewigen Bestimmung sicher zu sein und zu verstehen, dass man vor allem ein Bürger des Reiches Gottes ist.

Deshalb müssen wir die falschen Freiheitsstrukturen zu Fall bringen! Deine Führungsqualität ist jetzt gefragt. Du musst zum Sprachrohr der Hoffnung werden und anfangen, Reich-Gottes-Definitionen von Freiheit weiterzugeben. Wir wissen, dass es derzeit nicht mehr normal zugeht und dass viele von uns gerade ein ekelerregendes, krankes Gefühl erleben, wenn uns klar wird, was wir ertragen haben – und dass wir vielleicht immer noch in Gefangenschaft sind, vielleicht mehr, als uns bewusst ist. Der Geist des Herrn sagt:

> Ihr werdet zu Megaphonen der Freiheit und der Hoffnung werden, und ich werde euch eine besondere Salbung geben, damit das, was ihr kommuniziert, wahrgenommen wird, aber ihr *müsst* euch von kleinlichen Machtkämpfen, Ketzerjagden und zerstörerischen, bürgerkriegsähnlichen Tendenzen abkehren, die sich im Leib Christi nach innen wenden. Denn eure Führerschaft muss jetzt über eure derzeitigen Kommunikationsgrenzen hinaus nach außen sprechen. Ich rufe euch zu einer nach außen gerichteten Kommunikation auf.
>
> Dies ist eine Zeit der grenzüberschreitenden Medien und Beziehungen – wir überschreiten die Gemeindegrenzen und dringen an wichtige Orte vor, an denen die Führenden verzweifelt sind, wo Kommentatoren der Gesellschaft nicht wissen, wie sie die Menschen ermutigen und von Freiheit und Hoffnung sprechen sollen. Dabei geht es nicht um die Wiederherstellung von Strukturen oder Traditionen, sondern darum, die Hoffnung und Freiheit des Reiches Gottes auf rechte Weise in das Leben der Menschen einzubauen.
>
> Stimme nicht mit dem Status quo überein, der Anklagen erhebt, gekränkt ist und mit einer Einstellung lebt, Menschen vor Gericht zu stellen. Singe stattdessen die Lieder von morgen; singe die Lieder unserer Zukunft und erzähle die Geschichten von den Plänen Jesu.

Die Welt kennt ihre Zukunft nicht. Die Gemeinde dagegen *kennt* die Zukunft. Das ist dein Unterscheidungsmerkmal! Lass dich nicht auf die argumentativen Tendenzen ein, die du in der modernen Kirche findest. Halte inne, dreh dich um und sprich Hoffnung aus!

Im Namen Jesu segne ich dich dafür, dass du die Worte sprichst, die Botschaften schreibst und sogar die Lieder komponierst, die die Menschen zur wahren Freiheit in Jesus zurückführen.

Falsche Götzen erschüttern – Systemversagen

Im Buch Jeremia finden wir eine Modell dafür, wie Gott mit eigensinnigen Völkern umgeht, die ihre Sicherheit in Systemen finden, die nicht von ihm sind: *„Wo sind nun deine Götter, die du dir gemacht hast?"* (Jeremia 2,28).

Gott wird die Gültigkeit und Stärke dessen in Frage stellen, was wir zu unserem Schutz errichtet haben (falsche Götter). Ich sehe, dass ab 2024 der große Fall der falschen Götzen beginnt, der uns in den Zusammenbruch der Weltsysteme führen wird. Auch wenn du das zunächst vielleicht mit Freude hörst, solltest du bedenken, dass es eine ernüchternde Prophetie ist, denn sie bedeutet, dass es zu wirtschaftlichen Zusammenbrüchen und zum Gericht über einige Währungen kommen wird, und dass Richter Entscheidungen treffen werden, von denen wir wissen, dass sie nicht gerecht sind. Gott liebt die Welt genug, um sie zu erschüttern und ihre Irrtümer aufzudecken – auch innerhalb des Hauses Gottes –, damit wir rufen können: „Du allein, Jesus, bist würdig! Herr, du allein bist der Weg, die Wahrheit und das Leben."

Gott wird hinterfragen, wie sich eine Nation absichert, auch durch die Bündnisse, die sie eingeht:

> *Hierhin und dorthin – ihr flattert von einem Bundesgenossen zum anderen und bittet um Hilfe. Doch eure neuen Freunde in Ägypten werden euch genauso fallen lassen, wie Assyrien es bereits getan hat* (Jeremia 2,36 NLB).

Die Luther-Übersetzung drückt es so aus: *„Was läufst du denn so leichtfertig bald dahin, bald dorthin! Auch an Ägypten wirst du zuschanden werden, wie du an Assyrien zuschanden geworden bist."*

Obwohl sich dieser Vers, als er zum ersten Mal geschrieben wurde, auf Jerusalem bezog, gehen die Prinzipien über die historischen Grenzen Judas hinaus und gelten auch für unsere heutige Welt. Auch heute stellt Gott internationale Bündnisse auf die Probe und prüft, ob die zugrunde liegenden Vereinbarungen gerechtfertigt sind. Wenn Nationen Partnerschaften eingehen, müssen wir in der Lage sein zu fragen: „Hat Gott das veranlasst?", „Segnet er es?" und „Ist es Selbstschutz ohne Gott?" Wenn die Nationen sich keine ernsthaften Gedanken mehr über Gott machen, zeigt er seinen Unmut über ihre neugefundene Zuversicht und lässt sie in diesen Bündnissen nicht gedeihen.

Nationen können erfinderisch sein, wenn es darum geht, Wege zu finden, sich selbst zu schützen, und sich sogar mit mehreren Verbündeten zusammentun, die dadurch Gott als Anführer, Beschützer und erste Anlaufstelle für die Nation entthronen, um deren Zukunft zu sichern. Deshalb können wir davon ausgehen, dass internationale Koalitionen von Nationen nicht halten werden. Die Hoffnung, die eine Nation in eine andere setzt, wird erschüttert werden, wenn sie Gott aus der Gleichung herausgenommen hat. Wir werden sehen, wie Gott mit langjährigen Sünden in den falschen Bündnissen der Nationen umgeht. Verbündete werden Ärger machen, anstatt zu helfen, und das wird die Tür für Konflikte öffnen. Wenn die Bündnisse, die die Welt schließt, Gott ausschließen, haben sie keinen Bestand. Der Herr hat angedeutet, dass wir eine „seismische Bewegung" erwarten müssen.

Ich schaute in den Geist und sah eine Pattsituation bei den Vereinten Nationen (UN), mit untypischen Aggressionen in den Debatten und von hochrangigen Beamten in der Öffentlichkeit ausgesprochenen Flüchen, als sich Verbündete gegen Verbündete wandten. Ich schaute noch einmal hin und sah, wie der Nordatlantikpakt (die NATO) ins Wanken geriet und katastrophale Risse in seinen Fundamenten entstanden, die dazu führten, dass

Nationen sich voneinander entfernten. Und als ich wieder schaute, sah ich, dass die Wirtschaftsgemeinschaft Westafrikanischer Staaten (ECOWAS) nicht in der Lage war, die Zunahme von Zerteilungen und Putschen zu stoppen. Gottes Erlösungsabsichten lassen uns erkennen, dass die Welt ohne ihn nur wenige Lösungen für ihre Zukunft hat.

Die Welt zieht sich in Lager zurück

Wir haben uns bereits Jesaja 2,19 angesehen: Der Herr *„erhebt sich, um die Erde zu erschüttern".* Der vorhergehende Vers beschreibt, dass sich die Menschen in Höhlen und Erdlöchern verstecken. Sie suchen in den Tagen, in denen Gott die Erde erschüttert, die kleinen Orte auf und ziehen sich in Lager zurück sowie in das, was sie als kleine Übereinkünfte empfinden. Dies verweist auf eine andere Bibelstelle: *„Ist Aufruhr im Land, vermehren sich die Herrscher"* (Sprüche 28,2 NeÜ).

Die Welt wird in Fraktionen und Splittergruppen zerfallen, in kleinere Parteien und engstirnige Meinungen. Es werden kleine Tyrannen auftauchen; dies wird schnell zu Selbstprotektionismus und territorialer Engstirnigkeit führen. Ab 2024 wird die Welt nach Vergeltung schreien, und Vergeltung wird für viele in dieser Zeit zum Leitmotiv werden.

Ich glaube, dass die Welt auf dem Weg ist, zum gefährlichsten Ort seit Generationen zu werden, und wir müssen aufpassen und uns vor kleingeistigem, provinziellem Denken in den Medien, die wir konsumieren, hüten. Sei dir bewusst, dass Wahlen nicht immer Lösungen bringen werden. Beobachte, wie die Welt durch ihre Lösungslosigkeit verunsichert wird. Doch mitten in dieser Situation sagt der Herr: „Lasst eure Freude sichtbar sein. Denn ihr lasst euch nicht vom Getöse der Reiche dieser Welt beeinflussen."

Gebet

Herr Jesus, ich möchte, dass die Freude über meine Errettung in meinem Leben sichtbar wird. [Während du dies zu ihm betest, lege die Hände auf deinen Bauch und befehle in seinem Namen, dass Freude hervorkommt und aus dir fließt, damit du ein Zeichen und ein Wunder in den Nationen bist.]

KAPITEL 2

Krieg und Ernte

Übermäßige Gewalt ist nicht im Sinne Gottes

Viele haben im Laufe der Jahre darüber debattiert, ob es so etwas wie einen „gerechten Krieg" gibt und haben gefragt: „Heiligt der Zweck die Mittel?" Mit anderen Worten: Rechtfertigen die Folgen eines Krieges, ihn überhaupt zu führen? Unser Ausgangspunkt muss sein, dem Herrn im Gebet Fragen zu stellen und nicht nur eine Vermutung zu äußern. Wir sollten unter anderem folgende Fragen stellen:

- „Ist dieser Konflikt von Menschen gemacht?"
- „Ist dieser Konflikt von Gott erlaubt?"
- „Lässt Gott diesen Krieg zu, weil er die Folge von Sünde über viele Jahre hinweg ist?"
- „Hat Gott hier etwas initiiert, oder ist es nur die Folge der Unmenschlichkeit der Menschheit?"

Ich würde Gott nach seinen Heilsplänen in alledem fragen, bevor ich ihn fragen würde, auf welcher Seite er steht.

Ein immer wiederkehrender Gedanke, den wir in der Bibel finden, ist, dass Gott *nicht* erfreut ist über zu gewalttätige Reaktionen. Heute würden wir das im Extremfall als Kriegsverbrechen oder Völkermord bezeichnen, aber die Messlatte ist vielleicht niedriger.

Und dort war ein Prophet des HERRN mit Namen Oded. Und er ging hinaus, dem Heer entgegen, das nach Samaria kam, und

> *sagte zu ihnen: Siehe, weil der HERR, der Gott eurer Väter, über Juda wütend war, hat er sie in eure Hand gegeben. Und ihr habt sie mit einer Wut umgebracht, die bis an den Himmel reicht. Und nun gedenkt ihr, euch die Söhne Judas und Jerusalems zu Knechten und Mägden zu unterwerfen. Sind aber nicht bei euch selbst Verschuldungen gegen den HERRN, euren Gott? Und nun hört auf mich und schickt die Gefangenen zurück, die ihr von euren Brüdern weggeführt habt! Denn die Zornglut des HERRN ist über euch"* (2. Chronik 28,9-11).

Jahwes Zornglut liegt auf den Nationen, die maßlos viel Gewalt anwenden, selbst in einem Kriegskontext. Erkenne, wie unser weinender Erlöser seinen Zorn auf diejenigen richtet, die im Zorn morden – egal auf welcher Seite sie stehen.

Erschütterung ist der Schlüssel für Errettungen

Inmitten dieser Vorbereitung auf die nächste Ära stehen wir auf dem Felsen Jesus Christus und erinnern uns daran, dass Gott von seinem Wesen her erlösen möchte. Er ist derjenige, der alles neu macht, und wir erwarten einen neuen Himmel und eine neue Erde, mit der Verheißung eines Tages, an dem es keine Trauer, kein Geschrei und keinen Schmerz mehr gibt, wenn die alte Ordnung der Dinge vergeht. Es ist notwendig, dass wir das, was geschieht, nur im Zusammenhang mit der Massen-Seelenernte und den Errettungen sehen. Die Provokation Gottes dient dazu, dass sein Volk zu ihm rennt und dass die Wege der Welt vereitelt werden. Deshalb wird die Ernte nie einfacher sein, als sie es bald sein wird!

Ich hörte, wie der Herr von unseren vergessenen „Erntefähigkeiten" sprach – dass wir eine Geschichte der Seelengewinnung mit internationaler Reichweite haben. Der Geist sagte weiter, dass wir über Evangelisation gesprochen und sogar für Evangelisation trainiert haben, aber nicht viele Seelen geerntet haben. Es gab eine Ablenkung, bei der wir die Methoden der Frucht vorgezogen haben, aber jetzt gibt Gott euch die Fähigkeit, rechtzeitig mit der Ernte fertig zu werden.

Wir befinden uns wahrlich in den Tagen von Sacharja 8,23: *„In jenen Tagen, da werden zehn Männer aus Nationen mit ganz verschiedenen Sprachen zugreifen, ja, sie werden den Rockzipfel eines jüdischen Mannes ergreifen und sagen: Wir wollen mit euch gehen, denn wir haben gehört, dass Gott mit euch ist."* Mit dem Jahr 2024 beginnt eine große Wende, die sich durch ein exponentielles Wachstum der Zahl neuer Gläubiger auf der ganzen Welt bemerkbar machen wird. Es ist nicht nur eine Zeit, in der man die These unterbreiten kann, dass ein Krieg bevorsteht, sondern auch eine Zeit, in der wir prophetische Worte und Strategien erhalten, die uns zeigen, wie wir uns um das Wohlergehen der Nationen kümmern können.

Ich habe gehört, wie Gott davon sprach, dass wir eine neue Widerstandsarmee sind, selbst wenn das Böse in unserer Mitte wieder erwacht. In früheren Weltkonflikten hat es zweifellos sehr lange gedauert, bis die Gemeinde nicht mehr unbewusst (oder sogar bewusst) das Böse unterstützte, sondern zu einer Kraft wurde, die dem Bösen Furcht einflößte. Wir waren nicht immer eine militärisch gesinnte Gemeinde, die wusste, wie man in die geistliche Welt hineingeht und durch geistliche Kriegsführung die Festungen der Blutrünstigkeit und des Hasses niederreißt.

Die Bibel sagt uns, wir sollen „die Listen des Feindes kennen" (s. Epheser 6,11). Sieh mal! Der Feind hat eine Flutwelle von Antisemitismus und Faschismus (rechtsgerichtete totalitäre Regime – eine falsche Definition davon, wie reine Menschen aussehen) wiedererweckt.

Was ist Faschismus?

In unseren Nachrichtensendungen sehen wir immer häufiger Berichte über Zusammenstöße zwischen „faschistischen" und „antifaschistischen" Gruppen. Obwohl sich seit dem Zweiten Weltkrieg nur wenige politische Parteien trauen, sich selbst als faschistisch zu bezeichnen, wird der Begriff von ihren Gegnern oft als Schimpfwort benutzt. Dennoch scheinen Elemente des Faschismus in Ländern rund um den Globus auf dem Vormarsch zu sein. Der Faschismus ist eine politische Ideologie (mehr über Ideologien findest du in Kapitel 11), die in der ersten Hälfte des 20. Jahrhunderts in Italien (unter Mussolini) und dann in Deutschland (unter Hitler und den Nazis) aufkam. Eine faschistische Regierung ist auf der äußersten Rechten des üblichen Links-Rechts-Spektrums angesiedelt, und Faschisten sind sehr nationalistisch und werden von starken, autoritären, populistischen Führern angeführt.

Die extrem autoritäre, nationalistische und militaristische Ideologie des Faschismus äußert sich in der Regel in einem Glauben an die Reinheit der Rasse (wie die Vorstellung der Nazis von einer „Herrenrasse"), weshalb faschistische Gruppen heute oft an ihrer rassistischen und diskriminierenden Sprache und ihrem Verhalten gegenüber ethnischen Minderheiten, Juden und Einwanderern zu erkennen sind.

Extremistische Ideologien wie diese gewinnen normalerweise in Zeiten globaler Erschütterungen und Umwälzungen an Popularität, wenn die Menschen misstrauisch werden oder sich von ihrem Umfeld bedroht fühlen und ihr extremer Nationalismus zu ängstlichem Protektionismus führt, der dann in gewalttätigen Faschismus übergeht.

Für viele von euch ist es dringend notwendig, dass ihr auf den Herrn hört, wenn er wieder über Nationen zu eurem Herzen spricht, und dass ihr euren Reisepass sucht, euren Koffer bereithaltet und gehorsam einen Erntefeldzug beginnt! Es gibt eine Strategie, die Gott uns gibt, um den Einfluss des Bösen zu verringern. Sie erfordert, dass wir jetzt einen Wendepunkt der Ernte in den Nationen erreichen, damit es in jedem Land neue Christen gibt, die (geistlich gesprochen) als militärisch gesinnte *Ekklesia* ausgebildet sind und zurückdrängen können, was Satan plant.

Jetzt ist nicht die Zeit, in der du darüber nachdenkst, deine eigenen Scheunen zu bauen. Es ist vielmehr die Zeit, von Haus zu Haus und von Nation zu Nation zu gehen, eine Lösung für die Kontinente der Welt zu sein und die Herzen zu Christus zu wenden, um die Zerstörung und Ausbreitung der kommenden Kriege zu minimieren.

Hörst du das? Gott setzt gerade jetzt eine Dringlichkeit in deinem Geist frei und eine neue Erntestrategie. Er verteilt „Einberufungspapiere" und ruft dich auf, zu gehen. Steh auf und höre, wie Gott über Länder spricht und wie du dort am besten ernten kannst.

Gebet

Vater, vergib mir, dass ich bei der Ernte ineffektiv war. Ich bekenne, dass ich mich damit beschäftigt habe, meine eigenen Scheunen und Vorratskammern zu bauen und zu füllen und dabei den großen Auftrag vergessen habe, den dein Sohn mir gegeben hat: in die Welt zu gehen und Jünger zu machen. Erneuere deinen Eifer in mir und erinnere mich daran, wo mein Erntefeld ist.

Herr, ich öffne meine Ohren und meinen Geist, um deinen Ruf zu hören und wieder zu träumen. Ich stehe auf und schüttle alles ineffektive Ernten ab. Jesus, ich empfange von dir jetzt eine Sichel in meine Hand, als Zeichen im Geist für die Erntefähigkeiten, die du mir in dieser Zeit der Erschütterung geben willst. Ich entscheide mich dafür, inmitten all dessen, was in den kommenden Tagen wackelt, bricht und wütet, nicht den Blick für das zu verlieren, was dir wichtig ist. Du bist der Gott des Heils, gib mir dein Herz für die Ernte! In Jesu Namen, Amen.

KAPITEL 3

Propheten in Kriegszeiten und die Strategie Satans

Ich habe nun seit etlichen Jahren die Bibel jährlich zwei mal ausgelesen, und wenn die Bibel ein großer mächtiger Baum wäre und alle Worte die Ästlein, so habe ich alle Ästlein abgeklopft und wollte gerne wissen, was daran wäre und was sie trügen. Und allezeit habe ich noch ein paar Äpfel oder Birnen heruntergeklopft.

Martin Luther[1]

Das Mandat aus Offenbarung 11

Wir haben uns nüchtern und ernsthaft vor Augen geführt, was in den Nationen vor sich geht, und wenden uns nun der Heiligen Schrift zu, um zu verstehen, *wen* Gott in dieser Stunde dazu erhebt, um in seinem Namen zu leiten, und *wie* er das tut. Wie muss eine Gemeinde in Kriegszeiten denken? Was sind die biblischen Erwartungen an das Volk Gottes in einer Zeit des Krieges?

Jeremia betont die kontinuierliche Abfolge von Propheten, die gewissenhaft zur Stimme Gottes wurden, damit dessen Gedanken, Lösungen und sogar emotionales Befinden unfehlbar und unbestreitbar in der Nation bekannt wurden:

Von dem Tag an, als eure Vorfahren aus Ägypten zogen, bis heute habe ich immer wieder von neuem meine Diener, die Propheten, zu euch geschickt (Jeremia 7,25 NeÜ).

---

[1] Martin Luther, *Tischreden,* vierte Auflage, Vandenhoeck & Ruprecht, Göttingen 1983.

Wenn eine Nation also in einer Krise steckt, schickt Gott ihr immer eine prophetische Stimme. Wenn Klarheit und zeitliche Angaben wichtig sind, erhebt Gott diejenigen, die eine Leidenschaft für Offenbarung haben, die sich im Geist bemühen, zu sehen, zu hören und zu verstehen. Er gibt dem Volk Propheten, die geisterfüllt sind, aber auch ein vom Geist geleitetes Leben führen; solche, die Weisheit und Offenbarung miteinander verknüpft haben.

Der ultimative Wunsch des Herrn für sein Volk ist, dass es eine vorbereitete Braut ist, makellos und bereit gemacht. Offenbarung 11 geht darauf ein und zeigt uns, was der tiefste Instinkt von Gottes Endzeitgemeinde ist, nämlich dass *sie prophezeien* soll. Das ganze Kapitel beschreibt eine Gemeinde, die vom Wort Gottes gekennzeichnet und bewegt ist und es mit großem Erfolg anwendet.

Die Prophetie wird von denen geschützt, die geläutert sind (mehr dazu später). Die endzeitliche Gemeinde des Überrests ist mit der himmlischen Offenbarung vertraut und hat den Mut und den Drang, genau das zu sagen, was Gott gesagt haben will. Gott zieht an *deinem* Leben und führt dich an diesen Ort aus Offenbarung 11. Du hast das, was du durchgemacht hast, nicht durchgemacht, um jetzt aufzuhören! Er braucht deine geläuterte Stimme.

> *Und es wurde mir ein Messstab gegeben, einem Stab gleich, und man sagte: „Steh auf und miss das Tempelhaus Gottes, den Opferalter und die, die darin anbeten!"* (Offenbarung 11,1).

Das Kapitel beginnt mit einer Anweisung zum Vermessen des Tempels. Diese Metapher taucht mehrmals im Alten und Neuen Testament auf[2] und zeigt an, dass Gott sich um etwas kümmert, um es vor der Zerstörung zu bewahren und um es bereit zu machen. Gott bewahrt ein Volk, um zu prophezeien!

> *... die werden die heilige Stadt treten – zweiundvierzig Monate. Und meinen zwei Zeugen werde ich geben, dass sie 1260 Tage prophetisch sprechen werden, in Sacktuch gekleidet* (Offenbarung 11,2-3).

---

[2] Zum Beispiel in Sacharja 2,1-5 und Offenbarung 21,15-17.

Johannes schreibt weiterhin auf, was ihm gesagt wird, und nennt nun einen Zeitrahmen von 1.260 Tagen[3] (das sind 42 Monate), was auf eine von Gott zugewiesene und geschützte Zeitspanne hinweist, in der sein Volk Offenbarung aussprechen muss. Diese Verse verkünden uns, dass Gott ein Volk bewahrt und ausgerüstet hat, damit es voll und ganz bereit ist, in eine Zeit einzutreten, in der es prophezeien und das Wort Gottes aussprechen wird. *Du* gehörst dazu. *Du* wurdest bewahrt, um eine reine, unverfälschte Offenbarung zu bringen! In den Tagen des katastrophalen Zusammenstoßes der Reiche bringt Gott eine prophetische Endzeit-Gemeinde hervor.

Der Schlachtplan des Feindes – Wie Satan führt

Offenbarung 11 und Daniel 7 scheinen ähnliche Zeitabschnitte zu beschreiben. Während in Offenbarung 11 von der Rolle der endzeitlichen Gemeinde, dass sie prophezeien soll, die Rede ist, gibt Daniel 7 einen Einblick in das, was gegen diese Gemeinde kommen wird. Vers 25 ist voll von prophetischen Einblicken darüber, wie unser Widersacher uns gezielt ins Visier nehmen wird, um uns in die Irre und in *sein* Reich zu führen, statt in das Reich Gottes:

> *Und er* [unser Feind, der Antichrist oder Satan] *wird Worte reden gegen den Höchsten und wird die Heiligen des Höchsten aufreiben; und er wird danach trachten, Festzeiten und Gesetz zu ändern, und sie werden in seine Hand gegeben werden für eine Zeit und zwei Zeiten und eine halbe Zeit* (Daniel 7,25).

---

[3] Aus Daniel 7 und 12 wissen wir, dass diese Zeit eine lange Zeit der Verfolgung des Volkes Gottes bedeutet. Die Offenbarung des Johannes könnte sich buchstäblich auf eine 42-monatige Trübsalsperiode beziehen, die noch in der Zukunft liegt, oder sie könnte sich einfach symbolisch auf die Zeit zwischen Jesu erstem und zweitem Kommen beziehen – eine Epoche, in der die meisten Gläubigen auf der ganzen Welt unter großem Druck und Verfolgung durch die Nationen stehen. Ich glaube an eine dritte Möglichkeit, nämlich dass beide Interpretationen wahr sind: Wir befinden uns in der Zwischenzeit, aber die Trübsal der Endzeit steht uns noch bevor. Diese Verse sind daher für uns heute unglaublich relevant.

Erstens: Worte der Anklage

Erstens wird Anklage der wichtigste Kampf in den kommenden Tagen sein: *„Er wird Worte reden gegen den Höchsten ..."* (Daniel 7,25). Satan plant, gegen die Heiligen des Allerhöchsten zu reden – um damit Schmerz, Rufschädigung, Missverständnisse, Abwehrhaltung und Machtkämpfe zu schüren –, weil er sie zu Unrecht anklagt. Pass auf! Wenn prophetische Menschen ihre Emotionen nicht im Griff haben, weil sie Opfer von Verleumdungen geworden sind, verunreinigt das ihre Offenbarung!

Die verrückteste und dennoch erfolgreiche Herangehensweise angesichts von Anschuldigungen ist es, deiner inneren Welt Jesaja zu zitieren und zu sagen: *„Wie ein Schaf vor seinen Scherern schweigt,*[4] habe ich es nicht nötig, meinen Ruf zu verteidigen." Wenn diese Wahrheit deine innere Welt tief durchdrungen hat und du verstehst, dass deine Abwehrhaltung nichts bewirkt (und auch nicht der Kampf um deinen eigenen Ruf), bist du in der Lage, dich umzudrehen und das gereinigte Wort des Herrn hervorzubringen.

Gebet

Erlöser Jesus, hilf mir, dir ähnlicher zu werden.
Ich stärke mich in dem Wissen, dass deine Liebe und Annahme mir genügen und dass ich mich nicht gegen Anschuldigungen und Verleumdungen wehren muss.
Herr, ich vertraue darauf, dass du in deiner unendlichen Weisheit für Gerechtigkeit sorgst, wann und wie du es für richtig hältst.
Ich lasse jedes Gefühl der Ungerechtigkeit los, an das ich mich festgeklammert habe, und übergebe es in deine Hände.
Nach deinem Vorbild, Jesus, beschließe ich, all denen zu vergeben, die mich beschuldigt, missverstanden, verleumdet, über mich getratscht oder schlecht über mich gesprochen haben, sei es vor meinen Augen oder hinter meinem Rücken.

---

[4] Jesaja 53,7.

Herr, es tut mir leid, dass ich Anstoß genommen habe und mich verteidigen wollte.
Heiliger Geist, hilf mir, in dieser Situation geduldig, selbstbeherrscht und friedlich zu sein, auch wenn es schmerzhaft ist.
Mein Gott, ich vertraue dir. Du bist mein Verteidiger und derjenige, der mich wiederherstellt.
Ich danke dir für deine Barmherzigkeit und Gnade. Amen.

Zweitens: Er wird dich erschöpfen

Zweitens wird Satan versuchen, dich zu erschöpfen und zu zermürben: *„… und wird die Heiligen des Höchsten aufreiben …"* (Daniel 7,25). Im und mit dem Wort des Herrn zu stehen, erfordert Kraft und die Fähigkeit, das Gewicht des Wortes zu tragen. Wenn man bedenkt, dass die Erschöpfung von der dämonischen Geisterwelt ausgeht, wird sie am besten durch geistgeleitete Erlasse bekämpft, die jede Atmosphäre der Müdigkeit aus deinem Umfeld verbannen.

Erlass

Im mächtigen Namen von Jesus Christus verbiete ich jeder dämonischen Atmosphäre der Erschöpfung und Müdigkeit, mich zu beeinflussen. Ich vertreibe sie aus meiner Welt und empfange an ihrer Stelle den Eifer des Herrn, um zu vollenden, was er mir aufgetragen hat!

Drittens: Er wird deine Zeitpläne ändern

Drittens wird Satan versuchen, die Zeitpläne zu ändern. *„… und er wird danach trachten, Festzeiten und Gesetz zu ändern …"* (Daniel 7,25 ESV), wodurch du nicht mehr in der Lage bist, zur rechten Zeit und effektiv Offenbarungen zu bringen. Du musst dir dessen ständig bewusst sein, damit du dein Denken, Sprechen, deinen Ort und deine Beziehungen segnen kannst, nach Gottes Zeitplan ausgerichtet zu sein.

Wenn du nicht in Gottes Zeitplan bleibst, wirst du weder führen noch die Worte des Herrn zur rechten Zeit sprechen. Stattdessen wirst du dich dabei ertappen, dass du veraltete Offenbarungen bringst, dich selbst frustrierst und denjenigen nicht gerecht wirst, die in den kommenden Tagen der Erschütterung und des Krieges detaillierte Angaben brauchen.

Gebetsanregung

Frage Gott, ob es irgendwelche Hindernisse gibt, die dich daran hindern, mit ihm Schritt zu halten und im Einklang mit ihm zu sein. Gibt es Ungehorsam oder falsche Beziehungen, die dich aus dem Takt bringen? Erlaube dem Geist Gottes, über dir zu schweben und dich in dieser Zeit wieder in den Rhythmus des Herrn zu bringen. Falls der Feind dich wirklich belogen hat und deine Entscheidungen nicht im Einklang mit Gott sind, bitte ihn, dich durch die Erneuerung deines Geistes wieder auf die Wahrheit auszurichten und zu guten Entscheidungen zu führen.

Viertens: Ungerechte Gesetze einführen

Schließlich wird Satan versuchen, ungerechte Gesetze einzuführen. *„... und er wird danach trachten ... Gesetz zu ändern ..."* (Daniel 7,25). Bei diesen Gesetzen handelt es sich nicht nur um nationale Regierungserlasse, sondern auch um die dämonischen Gesetze der Kontrolle, des territorialen Denkens, des korrekten religiösen Verhaltens und der falschen hierarchischen Strukturen in der Gemeinde, die einen geistlichen Missbrauch ermöglichen.

Dies erfordert, dass du das Reich Gottes liebst und verstehst, wie es funktioniert, damit du zwischen einem göttlichen Reich-Gottes-Wert und einem Reich-dieser-Welt-Wert unterscheiden kannst – ein Reich-Gottes-Prinzip versus ein dämonisches Prinzip. Der vorherrschende Zustand der meisten in der Gemeinde ist, dass wir als „natürliche", statt als geistliche Menschen leben. Unser Geist und unser Fleisch werden nicht vom Geist Gottes beherrscht und sind ihm nicht unterworfen; deshalb widerstreben uns die Dinge des Geistes oder passen uns nicht.

Und deshalb bekommen diejenigen, die prophezeien, oft viele Gegenreaktionen für ihre Offenbarung, da viele Zuhörer nur mit ihrem natürlichen Verstand denken und daher nicht die Fähigkeit haben, die Worte des Geistes zu empfangen. Stattdessen sind sie leider beleidigt und gehen weg, ignorieren die Offenbarung oder lehnen sie ab.

Unser Leben ist durch irdische Mittel und fleischliche Werte geprägt – zum Beispiel durch die Filme, die wir uns ansehen, unser Bildungssystem und unsere Nachrichtenmedien, die uns oft die Wege des Geistes Gottes versperren, wie wenn man in einem ohnehin schon dunklen Raum eine Sonnenbrille trägt. In Jesu Gespräch mit Nikodemus in Johannes 3 sagt er, dass wir das Reich Gottes nicht sehen können, wenn wir nicht von Neuem geboren werden.[5] Das ist nicht nur eine Aussage über das, was dir zukünftig in der Ewigkeit zusteht! Vielmehr hast du, sobald du gerettet bist, die Fähigkeit, geistlich zu sehen – du hast eine innere geistliche Wahrnehmung, um die Kultur und Werte des Reiches Gottes zu erleben.

Wir hatten Höhen und Tiefen und sind nicht in Verbindung mit dem Geist bzw. in der Begegnung mit dem Geist geblieben, und deshalb *leben* wir nicht wirklich aus dem Geist. Woher sollen wir also wissen, wie wir zwischen dem, was der Heilige Geist tut, und dem, was die dämonischen Geister des Zeitalters tun, unterscheiden können?

Paulus ist ziemlich brutal in der Art und Weise, wie er in seinem ersten Brief an die korinthische Kirche schreibt. Er sagt zu einer ganzen versammelten christlichen Gemeinde: *„Und ich, Geschwister, konnte nicht mit euch sprechen wie mit geistlichen Menschen, sondern (musste sprechen) wie mit menschlich denkenden, wie mit kleinen Kindern im Messias"* (1. Korinther 3,1). Paulus konnte mit ihnen nicht über geistliche Angelegenheiten sprechen, weil sie die Wege des Geistes nicht verstanden hatten.

---

[5] Johannes 3,3: *„Jesus antwortete ihm: ‚Amen, Amen, ich sage dir: Wenn jemand nicht von Neuem geboren wird, kann er das Reich Gottes nicht sehen.'"*

Geistliche Unterscheidung

Um ungerechte Gesetze, Werte und eine ungerechte Kultur zu verhindern, musst du Gott darum bitten, dass du beschreiben und unterscheiden kannst, was Fleisch und was Geist ist. Dadurch wirst du sofort erkennen, was die Kultur des Reiches Gottes ist und wann in Wirklichkeit Satan das Sagen hat. So vieles von dem, was wir in der Gemeinde tun, ist nervöse, fleischliche Energie und hat sehr wenig mit dem Heiligen Geist oder dem Reich Gottes zu tun. Wenn unsere Gemeinden nicht vom Heiligen Geist beherrscht werden und wir das noch nicht einmal vollständig erkannt haben, warum sollten wir dann erwarten, verstehen zu können, was Satan in der Kultur der Nationen tut?

Du musst dringend dafür beten, dass der Geist Gottes dich erfüllt, leitet und regiert, damit du ein Träger des Reiches Gottes bist und ein Experte darin, den Unterschied zwischen dem Reich Gottes und dem falschen, weltlichen Reich Satans zu erkennen. Dann – und nur dann – wirst du wirklich erkennen können, wohin Satan dich geführt hat. Wenn wir überwunden haben, was uns zu entgleisen versucht, ist das nächste Ziel, dass wir zu prophetischen Stimmen werden, die vor dem „Herrn der Erde" stehen und Macht in den himmlischen Bereichen und der Atmosphäre, über die Gewässer der Erde und über das Land haben.

Die Macht der geläuterten Endzeitpropheten

Offenbarung 11 spricht von den Auswirkungen der geläuterten, prophetischen Endzeitgemeinde: Feuer wird aus ihrem Mund kommen; sie werden den Himmel verschließen und das Wetter kontrollieren; sie werden mit dem Heiligen Geist dorthin reisen, wo Gott sitzt und herrscht. Sie sind die „Komm herauf"-Offenbarer, die aus den Höhen von Gottes Perspektive prophezeien.

> *Und meinen zwei Zeugen werde ich geben, dass sie 1260 Tage prophetisch sprechen werden, in Sacktuch gekleidet. Das sind die zwei Olivenbäume und die zwei Leuchter, die vor dem Herrn der Erde stehen. Wenn ihnen jemand schaden will, kommt Feuer*

> *aus ihrem Mund und frisst ihre Feinde. Sollte ihnen jemand schaden wollen, muss er so getötet werden. Diese (Zeugen) haben die Vollmacht, den Himmel zu verschließen, dass er es nicht regnen lässt während der in ihrer Prophetie (genannten) Zeit. Sie haben Macht über die Wasser, sie in Blut umzuwandeln, und die Erde mit jeder Plage zu schlagen, sooft sie wollen* (Offenbarung 11,3-6).

Diese prophetischen Menschen – verkörpert durch die beiden Zeugen – sind dem Leben von Mose und Elia nachempfunden. Sie werden die Welt am Ende der Zeit geistlich verwalten und haben die Verantwortung, sich mit Sünde und Gericht zu befassen, mit starken Botschaften der Buße und Umkehr. Sie werden die internationale Atmosphäre bestimmen. Sie müssen mit Verfolgung und Tod rechnen – und haben keine leichte Aufgabe. Das ist die Art von prophetischer Gemeinschaft, die verstehen wird, was es heißt, in die Fußstapfen von Jesus, unserem Leidensmeister, zu treten.

Mit großer Behutsamkeit schlage ich vor, dass wir jetzt versuchen, das Fundament für eine Generation von Propheten zu legen, die diesen Platz einnehmen werden. Sie werden von Herrlichkeit zu Herrlichkeit und von Glauben zu Glauben gehen. Im Moment haben wir vielleicht Elemente davon, aber wir sind noch nicht so weit, dass wir diese biblische Beschreibung der Gemeinde erfüllen können.

Der Weg, auf dem wir uns befinden*, ist wichtig*, denn wir sind verpflichtet, die zu werden, die

- ihre biblische Berufung und Funktion verstehen,
- angesichts der Autorität und der Worte, die er uns geben wird, in Ehrfurcht vor dem Herrn erzittern, oder
- verstehen, dass die Propheten nicht in den Königreichen dieser Welt streiten und kämpfen, sondern stattdessen neben oder in Gott stehend über die Nationen der Welt prophezeien.

Diese Propheten werden die größere Macht Gottes aufzeigen, aber auch die Folgen der Sünde.

KAPITEL 4

Reich-Gottes-gesinnte Bürger

Das Streben nach dem Reich Gottes ist
die wichtigste Aufgabe des christlichen Lebens.

Jonathan Edwards
Erweckungsprediger des ersten „Great Awakening"[1]

Was ist das Reich Gottes?

In diesem Buch wird immer wieder ein Begriff erwähnt, das „Reich Gottes" bzw. „Königreich Gottes", auch „Himmelreich" genannt. Während Jesaja den kommenden Messias prophezeite, befasste sich Daniel mehr mit der Vorhersage des kommenden Reiches Gottes, beginnend mit der Deutung eines Traums von Nebukadnezar (in dem eine Statue, die die Reiche dieser Welt repräsentierte, von einem Felsen zerschmettert wurde):

> *Und in den Tagen dieser Könige wird der Gott des Himmels ein Königreich aufrichten, das ewig nicht zerstört werden wird. Und das Königreich wird keinem anderen Volk überlassen werden; es wird all jene Königreiche zermalmen und vernichten, selbst aber wird es ewig bestehen* (Daniel 2,44).

---

[1] Great Awakening (englisch für „Große Erweckung") ist die Sammelbezeichnung für eine Reihe großer protestantischer Erweckungsbewegungen, die sich seit den 1730er Jahren in den britischen Kolonien in Nordamerika bzw. den Vereinigten Staaten ereigneten ... Das erste Great Awakening ereignete sich in den 1730er- und 1740er-Jahren gleichzeitig in Großbritannien und den britischen Kolonien in Nordamerika (Wikipedia 9.9.2024).

Um 27 n. Chr. erwarteten die Juden sehnsüchtig dieses neue Zeitalter des Königreichs, eine Zeit, in der Himmel und Erde (wie im Garten Eden) wieder vereint sein würden und die ganze Erde mit der Erkenntnis von Gottes Herrlichkeit erfüllt sein würde – eine Epoche, in der alles, was sich gegen Gottes Herrschaft auflehnt, besiegt und beseitigt wird und der Wille des Königs auf der Erde genauso wie im Himmel geschieht.

Damals begann Jesus seine Kernbotschaft zu verkünden: „Gute Nachricht! Das Reich Gottes ist da!" Das lang erwartete Reich Gottes war angebrochen und war – ist – genau hier und jetzt.

Aber es war nicht ganz so einfach, wie es klingt. Die Juden des ersten Jahrhunderts erwarteten, dass dies wie eine weltliche Macht aussehen würde, eine starke, nationalistische, geografische und unbestreitbar physische Präsenz auf der Weltbühne. Im Lauf der Jahrhunderte begannen dann auch die Anhänger Jesu zu denken, dass die immer mächtigere und strukturiertere Kirche mit dem Königreich gleichzusetzen sei. Aber Jesus und seine Apostel haben die Begriffe Reich Gottes und Kirche bzw. Gemeinde nie synonym verwendet!

Das Reich Gottes ist ein einzigartiges, geistliches Reich, eher wie eine Art andere Dimension, die neben unserer existiert. Jesus hat den Fluch des Bösen, der Sünde, des Chaos und des Todes gebrochen, unter dem die Schöpfung stand. Heute sehen wir immer mehr Anzeichen für das Reich Gottes, wie z. B. Befreiungen, Heilungen, Zeichen, Wunder und Errettungen. Das Reich Gottes breitet sich aus, weil Jesus zum Vater gegangen ist, und es manifestiert sich in und durch uns.

Eines Tages wird Jesus zurückkehren, um die Erde zu erneuern und sie wieder mit dem Himmel zu vereinen. Bis dahin leben wir mit dem Paradoxon, dass das Reich Gottes sowohl *jetzt* als auch *noch nicht* da ist!

Wir sollen revolutionäre Vorreiter sein

Es gibt gute Nachrichten, liebe Freunde! Gott führt uns weg von einer reaktionären, stagnierenden Gemeindestruktur und verwandelt uns in eine revolutionäre Vorreiter-Gemeindebewegung.

- Wir lassen die Tage der defensiven Kommentare, der schützenden Besserwisserei und der sturen Aufrechterhaltung des kirchlichen *Status quo* hinter uns und bewegen uns hin zu einem vorausschauenden Reden über die sich verändernden Epochen mit Worten, die die Menschen verändern.
- Wir, die *Ekklesia* Gottes, sollen die Zukunft prophetisch ankündigen und gestalten und den Menschen und ihren Ländern zu einem transformativen Wandel verhelfen.
- Wir werden nicht mehr nur die wenig hilfreiche Bemerkung machen können, dass sich „eines Tages alles ändern wird" (mit dieser Rhetorik nennt man lediglich das Offensichtliche!), sondern wir werden unserer wahren Vorreiter-Berufung folgen, die den Reichen dieser Welt widersteht und mit Proklamationen und Erlassen, die eine Reich-Gottes-Perspektive hineinbringen und die Dinge in eine himmlische Ordnung bringen, den Weg weist.
- Wir werden unsere Partnerschaft mit der Angst beenden, die uns zu lange zum Schweigen gebracht hat – ein ängstliches Schweigen, das schwerwiegende, sündige Fehler toleriert hat – für den Fall, dass die Menschen uns ablehnen würden.
- Uns ist klar, dass die Wahrung der göttlichen Integrität und die mutige Weitergabe von Offenbarungen oft unseren Ruf gefährden werden.

Angesichts der Zunahme von Kriegen, starken Erschütterungen und Gottes Schrecken auf der Erde, aber auch einer großen Ernte und einer geläuterten prophetischen Gemeinde, die den Weg weist, brauchen wir eine Gesinnung, die auf die Zukunft vorbereitet ist und nicht im Schock des Augenblicks feststeckt. Die zeitgenössische prophetische Bewegung hat viele dazu veranlasst, sich von den Propheten abzuwenden und sie zu verhöhnen, weil sie viele ungenaue Worte von sich gegeben haben, sodass die Menschen auf der Suche nach Klarheit umhergeirrt sind. Unsere Unfähigkeit, Verantwortung für die von uns weitergegebenen Worte zu übernehmen, hat unseren Ruf in vielen Kreisen, sowohl innerhalb als auch außerhalb der Gemeinde, noch weiter beschädigt.

Vielleicht hat unsere so genannte „Offenbarung" nur gezeigt, dass diejenigen von uns, die behauptet haben zu prophezeien, mehr als Bürger der Welt, denn als Himmelsbürger gelebt haben. Vor allem – und das war in den letzten Jahren wirklich schmerzhaft – wurden wir entlarvt, weil wir mehr mit unseren eigenen Nationen beschäftigt waren, als dass wir vom Reich Jesu Christi fasziniert und eingenommen gewesen wären!

Daher ist es nicht ungewöhnlich, dass prophetische Worte veröffentlicht werden, die die Realität falsch darstellen. Damit meine ich, dass angesehene Führungspersönlichkeiten im Leib Christi durch ihre Position eine Autorität innehaben, die prägt, wie die Menschen unter ihrer Obhut und ihrem Einfluss die Welt sehen. Wenn diese Leiter und Propheten also Falsches verkünden, werden ihre Worte zur Realität ihrer Anhänger.

All euch prophetischen Menschen möchte ich sagen: Wenn wir in unserem Denken nicht vollständig im Reich Gottes zu Hause sind, dann führen wir andere in die Irre und setzen die Hoffnung auf die falschen Dinge. Wir argumentieren dann aus weltlicher Perspektive und sind daher weit von der Wahrheit entfernt, wie das Reich Gottes tatsächlich funktioniert!

Wir müssen wirklich ehrlich zu uns selbst sein: Sind wir so entschlossen, den Platz, den wir uns gesichert haben, den Ruf, den wir uns aufgebaut haben, und die berechtigten Meinungen, die wir glauben, haben zu müssen, zu verteidigen, dass wir teilweise blind geworden sind für die Geschichte, die das Reich Gottes entfaltet? In dieser Atmosphäre können unsere prophetischen Worte und Visionen plausibel *klingen* und *aussehen* – und wir können wirklich glauben, dass sie von Gott kommen –, aber sie kommen aus der Atmosphäre der Welt, anstatt dass sie die gewichtige Substanz eines völlig anderen Reiches haben – des Reiches Gottes.

Deshalb ist es unerlässlich, dass in dieser Stunde Menschen, die die Wahrheit über das Reich-Gottes verkünden, hervorkommen! Mehr denn je ist es wichtig, dass wir herausfinden, was und wie Gott über die Dinge denkt – vor allem über *Nationen, Politik und Gerechtigkeit –, damit* die Gemeinde ihn in ihrem Mitgefühl und in ihrer verwandelnden, geisterfüllten Kraft besser widerspiegeln kann.

Gebet

Jesus, ich tue Buße für all die Zeiten, in denen ich reaktionär, defensiv und leicht beleidigt war und immer noch bin.
Bitte befreie mich von der Last, mich vor Männern und Frauen für Dinge rechtfertigen zu müssen, die ich nicht zu schützen und zu verteidigen brauche.
Mit diesem Bekenntnis dir gegenüber löse ich mich von dieser Last und erkenne an, dass du Herr bist, dass du die wahre Gerechtigkeit bist und dass du mich nicht brauchst, um diese Kämpfe zu führen.
Ich möchte so leben, dass man mich nicht mehr so leicht provozieren kann.
Jesus, schenke mir bitte deine Gesinnung, die Gesinnung eines Vorreiters, der weiß, wie man revolutionäre Gedanken denkt und der der Bequemlichkeit des Augenblicks widersteht.
Ich möchte eine nützliche Stimme sein, die den Menschen den Weg in die Zukunft weist.
Herr, mein Leben gehört dir! Amen.

Kapitel 5

Die biblische Sicht von Nationalität

Keine Nation kann ein Monopol auf Gott haben ...

John Hagee

Wie denkt Gott über Nationen?

Es steht so viel in der Heiligen Schrift, das uns hilft, diese Frage zu beantworten. Aber einiges von dem, was wir beim Erforschen der Bibel entdecken werden, könnte einiges von dem, was wir bisher dachten – oder annahmen –, es liege in Gottes Plan und auf seinem Herzen für die Nationen, in Frage stellen, provozieren oder sogar zerlegen. Beten wir und kommen wir überein, dass alles, was nicht biblisch ist, von uns entfernt wird, wenn wir uns in der Wahrheit reinigen! Die folgenden Begriffe müssen von Anfang an klar definiert werden, und zwar nicht als *biblischer Nationalismus*, sondern als *biblische Nationalität*. Wie wichtig dieser nuancierte Unterschied ist, wird sich zeigen.

Gott sind Nationen wichtig; er hat Israel mit klaren, unverwechselbaren Grenzen gegründet. Ein Großteil der Worte des Gesetzes und der Propheten des Alten Testaments dreht sich darum, den kulturellen und sozialen Unterschied des Volkes Israel gegenüber den umliegenden heidnischen Völkern zu wahren. Nationale Identität, nationale Eigenarten und nationale Kultur sind von Bedeutung. Die Stämme Israels wurden durch Gott von ihren Nachbarn getrennt und so geformt, dass sie sich ethnisch unterschieden.

Hiob sagte über Gott: *„Er macht Völker groß und vernichtet sie; er breitet Völker aus, und er leitet sie“* (Hiob 12,23). Gott ist damit beschäftigt, Nationen entweder aufzubauen oder sie zu bestrafen oder sogar sich von ihnen abzuwenden. Wenn wir uns den historischen und heutigen Weg der Nationen ansehen, können wir uns als Propheten gemäß diesem Vers fragen: „Baut Gott hier auf, erweitert und segnet er? Oder ist Gott dabei, sie zu schmälern, zu bestrafen oder gar zu verlassen?" Wenn wir prophetisch spüren, dass Gott eine Nation verkleinert oder herabsetzt, können wir im folgenden Vers nachlesen, wie er das tut: *„Er raubt Männern, die Länder regieren, den Verstand und lässt sie orientierungslos durch die Wüste irren"* (Hiob 12,24 NLB).

Wenn der Anführer deines Landes kein gutes Urteilsvermögen hat, nicht in der Lage ist, das Volk zusammenzubringen und anzusprechen, das Vertrauen der Weisen verloren hat, sich wenig hilfreich im Kreis dreht und keine guten Lösungen hat, dann weißt du, dass Gott deiner Nation eine Lektion erteilt, indem er die Führer der Vernunft beraubt. Normalerweise bekommt das Land den Anführer, den es verdient.

Wenn Nationen verwirrt werden, zusammen mit einer immer größeren Unsicherheit über die allgemeinen Bedingungen, dann versagt der Mut, Führungskräfte entwickeln Selbstverliebtheit und wir werden Zeuge von zerstreuten Abgeordneten, die sich mehr für interne Kämpfe und parteiinterne Streitereien interessieren als für die eigentliche Aufgabe, ein Volk zu führen. Es lohnt sich, über diesen Vers in Hiob 12,24 nachzudenken und zu sehen, ob er gerade in deinem Land zum Tragen kommt.

Die vielleicht wichtigsten Verse in der Bibel zum Thema biblische Nationalität finden sich in Apostelgeschichte 17, wo Paulus den athenischen Philosophen sagt:

> *Er hat auch aus einem (Menschen[1]) alle menschlichen Völker gemacht, damit sie auf der ganzen Erdoberfläche wohnen; dazu hat er geordnete Zeiten und die Grenzziehung ihrer Wohngebiete bestimmt, damit sie diesen Gott suchen, ob sie ihn nicht doch betasten und finden. Und tatsächlich ist er nicht fern von jedem Einzelnen von uns* (Apostelgeschichte 17,26-27).

---

[1] Andere übersetzen „Blut".

Gott hat nationale Grenzen errichtet, damit die Menschen leichter Gott finden können. Nationen sind missiologisch[2] gebildet, damit sie Jesus finden. Daher glaube ich, dass alle Nationen bestimmte Eigenschaften des Charakters Gottes in sich tragen, dass sie ihn auf vielfältige Arten widerspiegeln und anderen darstellen, dass sie ihn auf besondere Weise sehen und ihn auf unterschiedlichen Wegen finden. Die Nationen erkennen Gott auf verschiedene Weise, vor allem weil er Landmassen erschaffen hat, die unterschiedlich und unverwechselbar aussehen.

Und die Menschen, die an diesen Orten leben, sind so „programmiert“, dass sie entsprechend ihrem ethnischen Temperament und ihrer nationalen Topografie Gott finden – mit anderen Worten, sie erkennen Gott an verschiedenen Eigenschaften der Schöpfung um sie herum. Die Menschen in der Arktis sind darauf programmiert, Gott in einer gefrorenen, kargen Wüste zu finden. Die Menschen am Äquator sind darauf eingestellt, Gott in strahlender Hitze und Sonnenschein zu finden. Dennoch ist das nur eine Teilerkenntnis: Jede Nation bringt ihre eigenen Erkenntnisse über Gott ein. Daher sollten wir in der Lage sein, uns gegenseitig über die Besonderheiten unserer eigenen Nationen zu informieren.

- Welchen Aspekt Gottes bringt dein Land mit ein?
- Welcher Aspekt Gottes spiegelt sich in der Landschaft deines Landes wider?
- Welcher Aspekt Gottes spiegelt sich in deinen kulturellen Eigenheiten wider?
- Welcher Aspekt Gottes spiegelt sich in deinen kulturellen Werten wider?

Wenn ich in dein Land käme, was würde ich über Gott lernen, wenn ich Zeit in deiner Landschaft verbringe, dein Volk beobachte und etwas über eure gemeinsame Identität erfahre? Deshalb besuchen wir andere Nationen nicht, um sie „zurechtzurücken“. Vielmehr sollten wir in unseren Begegnungen mit

---

[2] Die Missiologie beschäftigt sich konzentriert mit der Frage der Sendung der Kirche in Gesellschaft und Welt. Quelle (Zugriff am 11.09.2024): https://www.th-elstal.de/studieren/hochschulinformationen/faecher/mission

Fremden demütig versuchen, mehr über den Charakter und das Wesen des Schöpfers zu erfahren; im Gegenzug werden sie unser Leben studieren und Einblicke in die Art und Weise gewinnen, wie unsere lokale Kultur Jahwe sieht und versteht.

Die Verse, die wir gerade in Apostelgeschichte 17 gelesen haben, folgen unmittelbar auf die Situation, als Paulus in Athen stand und auf einen Altar mit der Aufschrift „Einem unbekannten Gott" zeigte. Im Grunde sagt Paulus zu den Leuten: „Seht, wie unvollkommen eure Gotteserkenntnis ist – ihr kennt nicht einmal den Namen eures Gottes!" Auch unsere eigenen Nationen neigen dazu, mit ihrer säkularistischen[3] Agenda zu sagen: Hier gibt es keinen Gott; wir spiegeln ihn nicht wider." Aber Paulus fährt fort und erklärt, dass Gott nahe ist: *„... damit sie diesen Gott suchen, ob sie ihn nicht doch betasten und finden. Und tatsächlich ist er nicht fern von jedem Einzelnen von uns"* (Apostelgeschichte 17,27). (Das sollte helfen, die uralte Frage zu beantworten: „Wie wird Gott Menschen richten, die noch nie einen Missionar hatten, der ihnen das Evangelium verkündet hat?" Er wird danach urteilen, wie die Menschen Gott im Gefüge ihrer Nation erkennen oder finden!)

Gott bestimmt die Zeiten der Nationen

In Apostelgeschichte 17,26 (LUT) sehen wir, dass Gott für die Völker festgelegt hat, *„wie lange sie bestehen und in welchen Grenzen sie wohnen sollen"*. Lasst uns das positiv sehen: Gott segnet den Aufstieg von Nationen, um bestimmte Eigenschaften von sich selbst zu zeigen. Seine Herrlichkeit wird in diesen Zeiten dargestellt. Von den Römern haben wir zum Beispiel gelernt, wie man eine Gesellschaft aufbaut und Recht und Ordnung schafft. Von den keltischen Stämmen und Ländern haben wir die wilde Impulsivität und das Geschichtenerzählen gelernt. Von den Italienern haben wir die Freuden von Kunst und Musik entdeckt.

---

[3] Säkularismus (...) bezeichnet eine Weltanschauung, die eine Immanenz und Weltlichkeit der Gesellschaft annimmt und keine darüber hinausgehenden, metaphysischen und religiösen Erklärungen braucht (Wikipedia, 10.09.2024).

Bei den Griechen staunen wir über die Schönheit des menschlichen Körpers – und Verstandes; wir spüren den Wundern der Wissenschaft und der Mathematik nach. Bei den Chinesen erkennen wir, wie Gott sich in einem Land der Ehre und der Gemeinschaft widerspiegelt. Von den Israeliten lernen wir ein gesundes, hebräisches Denken kennen, in dem die geistliche und die natürliche Welt miteinander verflochten sind. Und so weiter – jeder ethnischen Gruppe werden in ihrer Zeit spezifische Gaben gegeben, die den Charakter Gottes widerspiegeln.

Von Gott bestimmte Zeiten, in denen ein Land eine Führungsrolle einnimmt, kommen und gehen, und er schenkt sogar Zeiten, in denen ein Land auf der Weltbühne eine herausragende Stellung einnimmt, je nachdem, worauf sich die Welt in Bezug auf die Eigenschaften Christi gerade konzentrieren muss. Jede Ethnie ist dazu berufen, ihre Rolle im Drama der Weltgeschichte zu spielen. Gott bestimmt ihren Wohlstand, ihren Aufstieg und ihren Niedergang, und er setzt ihre Grenzen fest.

Zu Zeiten meiner Urgroßeltern erstreckte sich das britische Weltreich noch von dort, wo die Sonne über dem Pazifik aufging, über den riesigen Kontinent Asien, Teile von Afrika und berührte sogar die Küsten Amerikas. Etwas mehr als ein Jahrhundert lang war es „das größte Weltreich, das die Welt je gesehen hat". Ob das nun gut oder schlecht war, es leitete das Industriezeitalter der Erfindungen und der globalen Ausdehnung ein. Und doch war innerhalb einer Generation – und nach zwei Weltkriegen – alles vorbei. Seine Wirtschaft lag in Trümmern, seine Industrie wurde von jüngeren, modernen Mächten überholt und seine koloniale Herrschaft in unabhängige Nationalstaaten zerschlagen. Das Britische Reich ging den Weg des Römischen, Griechischen, Osmanischen, Mongolischen, Babylonischen, Assyrischen und Ägyptischen Reiches, genau wie in Nebukadnezars Traum.

Gott hat jeder Nation genügend Grenzen und Ressourcen gegeben und erwartet von ihnen, dass sie von Eroberung, Vorherrschaft, Imperiumsdenken und Diktatur Abstand nehmen. Ich glaube, wir können getrost sagen, dass imperiale Kriege daher in erster Linie böse sind. Es geht nicht, dass wir eine Nation plündern und ihrer gottgegebenen Eigenschaften in der Welt berauben, indem wir ihr unsere eigenen aufzwingen.[4]

Der wahre Reichtum der Nationen

Es ist wichtig, dass du das Land liebst, in das hinein Gott dich geboren hat, und die Eigenschaften der Nation, die dich prägen, sind einzigartige Elemente deines himmlischen Vaters. Auch wenn du nicht in dem Land lebst, in dem du geboren wurdest, wirst du immer einen Teil davon in dir tragen, wie es Gottes Herrlichkeit darstellen soll.[5] Diese Eigenschaften sollten wunderbar befreiend sein: Was in Nordirland als staatsmännisch gilt, ist nicht das, was in den Niederlanden oder den USA als staatsmännisch gilt. Und das ist in Ordnung.

Alle Nationen besitzen Reichtümer, weil Gott ihre Zeiten in der Geschichte festgelegt hat. Diese Reichtümer liegen im Potenzial des Landes und seiner Menschen. Das Ausmaß der Armut einer Gesellschaft hängt davon ab, wo der Reichtum der Nation liegt und inwiefern die Menschen und das Land vorangebracht werden. Du kannst sehen, wie Gott mit den Kindern Israels ringt, um sie zu erziehen, Verantwortung für das Land zu übernehmen. Die erste Generation war dazu nicht bereit, und so verbrachten sie 40 Jahre in der Wüste! Allein im 5. Buch Mose kommt der Gedanke, Land zu besetzen oder in Besitz zu nehmen, mehr als 70-mal vor. Der Wandel im Denken geht von „Ziehe in das Land, das dir Wohlstand bringen wird" zu „Mach das Land, in dem du bist, wohlhabend". Du darfst keine Angst

---

[4] Eine Erörterung von Gewalt und Krieg im Alten Testament würde den Rahmen dieses Buches sprengen, aber eine nüchterne Betrachtung zum Beispiel der Kriege Israels mit den Kanaanitern zeigt, dass Gott die Bosheit und Ungerechtigkeit der Kanaaniter bestrafte. Gott richtete sie, und er warnte Israel, dass die gleichen Konsequenzen auf sie zukommen würden, wenn sie ebenfalls dem Bösen nachgingen. Einen Einstieg in die Thematik findest du unter: www.thegospelcoalition.org/blogs/justin-taylor/how-could-god-command-genocide-in-the-old-testament-2/; Zugriff am 12. März 2024.

[5] Ein Ausdruck davon ist das, was Arthur Burk die „Erlösenden Gaben" einer Nation nennt – siehe https://theslg.com/content/the-redemptive-gifts-of-some-nations; Zugriff am 12. März 2024

davor haben, Land zu besitzen und damit die Folgen dieser Verantwortung zu tragen. Wie sehr bist du bereit, dieses Land gut zu pflegen? Und zwar mehr Land, als du derzeit hast?

Kapitel 6

Die Schönheit deiner Ethnie

> Wie Gott, nach dessen Ebenbild die Menschen geschaffen wurden, kann man auch alle Menschen nicht über einen Kamm scheren. Es steckt immer mehr in einem Menschen – mehr Geschichten, mehr Leben, mehr Komplexität – als wir wissen. Der Mensch ist, wenn man ihn richtig betrachtet, unergründlich, unberechenbar und wertvoll. Die Perversion sagt immer etwas anderes.
>
> David Dark
> *The Sacredness of Questioning Everything*

Wir sind aus einem Blut

Zweifellos verraten uns ethnische Merkmale in Nationen – wie Hautfarbe, Gesichtszüge und Körpergröße – etwas Neues über Gott.

- Wenn du weiße oder schwarze Haut siehst, was lehrt dich das über den Charakter Gottes?
- Was verraten deine Hautfarbe, deine Gesichtszüge und die Merkmale, die in vielen deiner ethnischen Gruppe relativ ähnlich sind, über deinen Schöpfer, da seine ganze Schöpfung seine Herrlichkeit widerspiegelt?

Sehen wir uns an, was Salomo, der weiseste König, der je gelebt hat, über seine Geliebte schreibt:

> *Schwarz bin ich und doch anmutig, ihr Töchter Jerusalems, wie die Zelte Kedars, wie die Zeltdecken Salomos* (Hohelied 1,5).

Die Bibel verbindet schwarze Haut mit Dingen, die besonders exquisit und teuer sind. Dunkel ist gleichbedeutend mit üppiger Versorgung. Dunkel bedeutet mächtig. Wenn ich also eine schwarze Hautfarbe sehe, soll ich – vielleicht unbewusst – an die mächtige, reiche Versorgung Gottes erinnert werden!

> *Er hat auch aus einem (Menschen) alle menschlichen Völker gemacht, damit sie auf der ganzen Erdoberfläche wohnen; dazu hat er geordnete Zeiten und die Grenzziehung ihrer Wohngebiete bestimmt, damit sie diesen Gott suchen, ob sie ihn nicht doch betasten und finden. Und tatsächlich ist er nicht fern von jedem Einzelnen von uns. Denn in ihm leben wir, bewegen wir uns und existieren wir. Wie es auch einige eurer Dichter gesagt haben: ‚Wir stammen ja auch von ihm ab.'* (Apostelgeschichte 17,26-28).

In seinem wunderbaren Plädoyer für den lebendigen Schöpfergott macht Paulus unmissverständlich klar, dass wir keine ethnischen oder nationalen Vorurteile dulden sollten, weil wir durch unsere körperlichen Merkmale das Bild Gottes widerspiegeln. Er erinnert uns daran, dass alle Völker der Menschheit von einem Blut abstammen – wir haben alle den gleichen Ursprung. Das sollte uns unbedingt dazu veranlassen, diese Art von Schönheitsoperationen zu hinterfragen, bei denen Menschen versuchen, ihr Aussehen zu ändern, um wie eine andere Ethnie auszusehen, und bei denen wir es ablehnen, wie der Aspekt Gottes auszusehen, den wir durch unseren Körper widerspiegeln sollen! Nach dieser Bibelstelle ist keine Ethnie überlegen. Keine Nationalität sollte sich für die Crème de la Crème der Menschheit oder für den besten Vertreter des Reiches Gottes halten.

Tragischerweise wurden diese Vorstellungen gelegentlich verdreht und als Argumente gegen die ethnienübergreifende Ehe verwendet, aber das ist nicht das, was Paulus sagt – er sagt genau das Gegenteil. Ethnienübergreifende Ehen sind eine Freude und ein Zeichen dafür, dass die Völker durch ihre Unterschiede etwas über Gott lernen. Sie sind ein Zeichen dafür, wie die Nationen miteinander umgehen *sollen.*

Gefallene Eigenschaften

Ich entschuldige mich bei allen Lesern von einer meiner griechischen Lieblingsinseln, aber umstrittenerweise schreibt Paulus in seinem Brief an Titus über die Bewohner von Kreta: *„Einer von ihnen hat gesagt – ihr eigener Prophet: ‚Kreter sind immer Lügner, schlimme Tiere, nichtsnutzige Bäuche!'"* (Titus 1,13). Hier identifiziert Paulus allerdings den gefallenen Zustand eines nationalen Wesenszuges, indem er eine ganze Bevölkerung in polemischer Übertreibung als Lügner und Fresssäcke bezeichnet.

Welchen nationalen Charakterzug in einem gefallenen Zustand hat dein Land? Ist deine Nation zum Beispiel in Gier, rebellische Unabhängigkeit, Arroganz, Gewalt, Vorurteile, Überlegenheit, Armut, Unterwerfung oder Vorherrschaft verfallen?

(Liebe Kreter, ich glaube, ihr seid zweieinhalbtausend Jahre nach eurem Dichter Epimenides ein ganz anderes Volk ... aber eure atemberaubenden Bergstraßen machen mir Angst!)

Globalisierung

In der Bibel ist nie die Rede davon, dass wir uns auf das Ziel zubewegen sollen, eine riesige, globale Einheit zu werden. Tatsächlich deutet Psalm 2 an, dass Jesus, der Königssohn, die Nationen als sein Erbe begehrt. Auch wenn das Gedicht damit endet, dass er sie in Stücke schlägt, will er dennoch, dass sie zu ihm gebracht werden: *„Fordere von mir, und ich will dir die Nationen zum Erbteil geben und zu deinem Besitz die Enden der Erde"* (Psalm 2,8).

Das Blut Jesu hat Menschen aus jeder ethnischen Gruppe erkauft:

> *Und sie sangen einen neuen Gesang: „Du bist würdig, die Schriftrolle zu bekommen und ihre Siegel zu öffnen! Denn du hast dich töten lassen und hast mit deinem Blut für unseren Gott (Menschen) erkauft aus jedem Stamm, jeder Sprache, jedem Volk und jeder Volksgruppe"* (Offenbarung 5,9).

Und eines Tages werden wir vor ihm anbeten, eine herrlich vielfältige Gemeinde, die alle Völker der Erde repräsentiert:

> *Danach sah ich: Da war eine große Menschenmenge, die niemand zählen konnte, aus jeder Volksgruppe, aus Stämmen, Völkern und Sprachen. Die standen vor dem Thron und vor dem Lamm, gekleidet mit weiß leuchtenden Gewändern und mit Palmzweigen in ihren Händen. Und sie riefen mit lauter Stimme: „Die Rettung (ist geschehen) durch unseren Gott, der auf dem Thron sitzt, und durch das Lamm!"* (Offenbarung 7,9-10).

Wir sollten keine „globalistische Agenda" haben, die eine imperiale Homogenität (meist in westlicher Form) anstrebt, sondern es *wird* erwartet, dass wir voneinander lernen und miteinander kooperieren, damit Christus offenbart wird. Die Nationen *zusammen* ergeben ein umfassenderes Bild von Gott. Er liebt die Vielfalt – die menschliche Familie mit ihren vielen Unterschieden und die Freude an unseren vielfältigen menschlichen Erfahrungen.

Jede Nation trägt ihren Teil dazu bei, Probleme zu lösen, die globaler Natur sind.

Kapitel 7

Die Gefahr des extremen Nationalismus

> Der Irrsinn ist bei Einzelnen etwas Seltenes – aber bei Gruppen, Parteien, Völkern, Zeiten die Regel.[1]
>
> Friedrich Nietzsche (1844–1900), deutscher Philosoph

In den letzten beiden Kapiteln haben wir uns mit dem Wert der Nationalität aus Sicht der Bibel und der Schönheit der Ethnie befasst; dies hat uns auf einen positiven Weg gebracht. Jetzt müssen wir uns jedoch der inakzeptablen, übertriebenen Vorstellung von Nationalität zuwenden, die einen Großteil der Gemeinde Jesu in eine Form des Götzendienstes führt, die ich „extremen Nationalismus" nenne. Es handelt sich dabei um eine letztlich unzulängliche Weltanschauung, die für die meisten Gläubigen verlockend und verführerisch ist – aber für Propheten und prophetische Menschen ist es besonders gefährlich, einen solchen Boden zu betreten.

Sei gewarnt – ich werde dich provozieren

Deshalb und weil dieses Thema die prophetische Bewegung auf der ganzen Welt potenziell verschmutzt und zerstört (und noch weiter verschmutzen könnte), werde ich in diesem Kapitel kein Blatt vor den Mund nehmen. Du *wirst* einige Dinge lesen, die dir unangenehm sein werden, und du wirst dich vielleicht über das, was ich schreibe, ärgern. Du wirst mit ziemlicher Sicherheit

[1] https://www.aphorismen.de/zitat/6229

provoziert werden. Das ist es, was Propheten tun, und ich entschuldige mich nicht dafür.

Alles, worum ich dich bitte, ist, dass du ernsthaft über dieses Thema nachdenkst und es mit einem demütigen Herzen angehst, weil du weißt, dass diese irische Prophetin dich, dein Land und die Gemeinde liebt. Ich liebe die wertvolle prophetische Bewegung *zu sehr*, um zu schweigen. Ich könnte mich irren, aber was ist, wenn ich auch nur ein kleines bisschen Recht habe? Was ist, wenn diese irische Prophetin auf etwas hinweist, das durch einen nationalen blinden Fleck verdeckt ist?

> *Und er befahl ihnen: „Seht zu, dass ihr euch in Acht nehmt vor dem Sauerteig der Pharisäer und vor dem Sauerteig des Herodes!"* (Markus 8,15).

Was ist extremer Nationalismus?

Der „extreme Nationalismus" macht die nationale Identität eines Staates so sehr zum Götzen, dass seine Anhänger fast alles tun, um zu verhindern, dass diese Identität durch äußere Einflüsse korrumpiert wird (vor allem durch Ausländer, die fast immer als irgendwie minderwertig angesehen werden).[2]

Einige verräterische Anzeichen für Ultranationalismus in Europa im 20. Jahrhundert sind:

- Beschuldigung der Gegner, „unpatriotisch" oder sogar „Verräter" zu sein
- Extreme Einstellungen zu Einwanderern, Flüchtlingen und Grenzkontrollen
- Dämonisierung und Entmenschlichung politischer Feinde

---

[2] (Die Faschisten, mit denen wir uns in Kapitel 2 kurz befasst haben, vertraten einen extremen Nationalismus, auch bekannt als Ultranationalismus). Historisch gesehen war extremer Nationalismus in Europa ein Problem, vor allem im 20. Jahrhundert (z. B. in Deutschland, Italien und Spanien), aber er taucht auch im 21. Jahrhundert regelmäßig auf, vor allem in Osteuropa und Russland. Auch auf anderen Kontinenten gibt es Formen des extremen Nationalismus: in Indien, einigen südamerikanischen Ländern und sogar in Nordamerika.

- Anti-Intellektualismus, der im Extremfall zu Misstrauen gegenüber Nachrichtensendern oder Universitäten und zu Bücherverbrennungen führt
- Extreme Angst oder Hass in Bezug auf andere Kulturen, Ethnien oder Religionen (mit regelmäßigen angstschürenden Gerüchten darüber, was „sie", der innere Feind, der örtlichen Bevölkerung antun würden).
- Natürlich waren auch Rassismus, Sexismus, Frauenfeindlichkeit und die Verachtung für die Schwachen regelmäßig Teil dieser bösen Mischung.

Warum sollten Propheten besorgt sein?

Du fragst dich vielleicht, warum wir diesen Umweg gehen, um die Geschichte und die Anzeichen des extremen Nationalismus zu betrachten. Leider können wir Europäer bezeugen, dass zu fast jeder Zeit in unserer Geschichte, in der extremer Nationalismus aufkam, er in irgendeiner Weise mit dem Christentum identifiziert wurde – und oft wurde er von bestimmten Flügeln der Kirche bzw. Gemeinde unterstützt.[3] Extreme nationalistische Bewegungen stellen sich oft als Verteidiger des Christentums, der „Moral" (bzw. ihrer Version von Moral) und der traditionellen christlichen Familie dar – gegen die vermeintlich steigende Flut von Atheisten und die unmoralischen gottlosen Massen. In den letzten Jahren haben einige „starke Männer" in Europa, Asien und Südamerika diese Botschaft genutzt, um ihrer Sache Nachdruck zu verleihen.

---

[3] Laut der Britannica gab es Bewegungen in Polen, Spanien, Portugal, Frankreich, Österreich, Ungarn, Kroatien, Bolivien, Argentinien, Chile, Brasilien, Rumänien, Frankreich und Spanien. Die Faschisten in Deutschland und Italien gaben sich ebenfalls als Beschützer der Kirche aus, aber ihre Ideologie enthielt viele Elemente, die mit dem traditionellen christlichen Glauben in Konflikt standen, und ihre Politik wurde manchmal von Kirchenführern abgelehnt.

Die Gefahr des extremen Nationalismus für die Gemeinde

Wie du in den beiden vorangegangenen Kapiteln gelesen hast, ist es absolut nichts Falsches, das Land zu lieben, in das Gott dich hineingeboren oder gesetzt hat. Wir sollten uns auf jeden Fall dafür einsetzen, das Beste für unser Land und unsere Nachbarn zu erreichen. Es mag sogar mildere Aspekte des Nationalismus geben, die durchaus überzeugend sind, wie die Betonung konservativer Familienwerte und eine Geneigtheit zu einigen Aspekten der traditionellen jüdisch-christlichen Moral.

Wenn wir jedoch zulassen, dass nationalistische und politische Ideologien zur Triebfeder und Motivation für das Wachstum unserer Gemeinden und die Veränderung unserer Nation werden, dann können wir in die Falle eines extremen *christlichen* Nationalismus tappen. Das geschah in Großbritannien während der Kolonialzeit und im Jahrhundert des Viktorianischen Reiches – und ist in den letzten Jahrzehnten auch in den Vereinigten Staaten aufgetreten. Die USA sind definitiv kein Einzelfall, aber weil die Gemeinde in Nordamerika immer noch (relativ) groß und stark ist, schürt extremer Nationalismus derzeit das Feuer der Spaltung und hat das Potenzial, viele von Jesus wegzutreiben, statt in seine Arme hinein.

Der extreme Nationalismus hält die Vorstellung aufrecht, dass die Vereinigten Staaten von Amerika als christliches Land gegründet wurden und dass wir Gläubigen daher mit allen Mitteln für die Wiederherstellung dieser Utopie kämpfen müssen, und zwar in allen Bereichen der Gesellschaft. Die Soziologen Andrew Whitehead und Samuel Perry beschreiben diese Ideologie als „die Überzeugung, dass Amerika von Grund auf christlich ist und immer christlich sein sollte – in seinem Selbstverständnis, seiner Interpretation der eigenen Geschichte, seinen heiligen Symbolen, seinen Werten und seiner öffentlichen Politik – und dass es so bleiben soll".[4] Als letzte Konsequenz dieses Narrativs argumentieren die Verfechter dieser extremistischen Ideologie, dass wir nicht strikt zwischen Gemeinde und Staat trennen sollten; sie unterstellen, es seien nur böse Säkularisten, die das wollten.

---

[4] Andrew Whitehead und Samuel Perry, *Taking America Back for God: Christian Nationalism in the United States* (London: Oxford University Press, 2020).

Der extreme Nationalismus in den USA hat das Ziel, den Ruhm Amerikas (wohlgemerkt, nicht Gottes) zurückzuerobern, und um das zu erreichen – Amerika wieder großartig zu machen – muss man die gesamte Politik christianisieren.

Vielleicht nicken du und ich, wenn wir bestimmte Slogans hören, wie z. B.:

- Die Nation wird geschwächt, wenn man Gott aus der Politik herausnimmt.
- Die Gesellschaft wird durch den Säkularismus deformiert.
- Darwinistische und marxistische Theorien haben dazu beigetragen, die Struktur und Moral der Nation zu untergraben.
- Nur wenn wir eine christliche Partei an die Macht bringen, kann die Nation zu konservativen Familienwerten und Moral zurückkehren.
- Die Gemeinde ist nützlich als politische Lobby.

Aber diese Ideen haben sich zwischen den beiden Parteien – Republikaner gegen Demokraten – zu einem christlichen Stammesdenken weiterentwickelt, bei dem der Sieg der einen Partei als nationale Erlösung gilt, während die andere Alternative die Hölle auf Erden bedeutet. Das ist nichts anderes als die Politisierung des Glaubens, bei der die Menschen ihren Glauben mehrheitlich auf der politischen Bühne zum Ausdruck bringen.

- Bei diesem extremen Nationalismus steht der Glaube nicht außerhalb der Politik, sondern Glaube und Politik werden ein und dasselbe.
- Die Gemeinde wird der Rolle der Regierung und des Justizsystems im Land untergeordnet, weil nur sie scheinbar die Macht haben, Gesetze zu erlassen, die die Moral durchsetzen, welche die Nation braucht.
- Extremer Nationalismus glaubt auch an die Aussage: „Meine Nation hat einen ganz besonderen Platz im Herzen Gottes, und deshalb sind wir der Standard für Nationalität, den es zu erreichen gilt."

So weit, so gut, denkst du vielleicht, wenn du das liest. Aber Vorsicht, das Ziel dieser Form des extremen Nationalismus, der manchmal auch als christlicher Nationalismus bezeichnet wird, ist nicht das wahre Christentum. Stattdessen wird das Christentum als Spielball benutzt (genau wie es die nationalistischen Parteien im Europa des 20. Jahrhunderts getan haben), um ihr wahres Ziel zu erreichen, nämlich das, was *sie* wollen – ihre eigene politische und kulturelle Vorherrschaft. Wenn du ihnen zuhörst, reden extreme Nationalisten nie über das Leben und die Beziehung zu Gott, sondern nur über all die Segnungen, die sie von Gott für sich und ihr Land erwarten, sei es in den USA oder anderswo.

In ihrem Kern geht es bei dieser falschen Ideologie um irdische Güter, weltliche Segnungen, nationalen Erfolg und nationale Macht, um den Segen Gottes für unser eigenes Land vor allen anderen – und sogar auf Kosten aller anderen. Erfolg, Geld, Gesundheit und Ruhm! Jesus ist nur das Mittel, um all das zu erreichen und ein stärkeres, mächtigeres sowie erfolgreicheres Land zu bekommen. Aber wenn Jesus nur das Mittel zum Zweck und nicht das Ziel ist, dann ist das Götzendienst. Anstatt unsere Nationen christlicher zu machen, bewirkt diese falsche Ideologie des extremen Nationalismus das Gegenteil und bringt uns alle weiter weg von der wahren Botschaft des Reiches Gottes.

Propheten dürfen sich nicht vom patriotischen Eifer des extremen Nationalismus anstecken lassen. Es gibt Zeiten, in denen die Ideologien des Nationalismus so klingen, als stammten sie direkt aus der Heiligen Schrift, aber Vorsicht: Es ist eine große Täuschung im Gange, die Satan im Lauf der Geschichte und auf allen Kontinenten immer wieder benutzt hat.

Das Königreich aus den Augen verlieren

Es scheint, dass Gläubige, die sich politisch engagieren, sich oft weniger *theologisch* engagieren, weil sie das alles beherrschende Bedürfnis haben, eine Partei oder eine politische Ideologie zu verteidigen. Das führt zu kurzsichtigem Verhalten auf der „Mikroebene", d. h. sie unterstützen eine einzelne politische Partei, verherrlichen einen einzelnen Politiker und setzen ihre Hoffnung auf eine einzige Amtszeit. (Das steht im Gegensatz dazu, die Dinge durch den „Bogen auf der Makroebene" der biblischen Hermeneutik zu sehen.[5]) Tun wir das, verlieren wir die Gesamtgeschichte Gottes und die entscheidende Botschaft seines Reiches aus den Augen und werden sogar blind für grundlegende biblische Lehren und Fundamente. Wir wollen, dass unsere politische Partei, statt das Reich Gottes, herrscht und regiert. Oder wir glauben, dass das Reich Gottes nur dann kommen kann, wenn diese Partei den Sieg erringt und die Regierung stellt.

Wir waren schon mal hier

Die britischen Missionare des 18. und 19. Jahrhunderts machten sich nicht nur daran, die frohe Botschaft zu verkünden, sondern auch jeden Ort, den sie besuchten, zu verwestlichen und das Empire zu erweitern. Sie waren im Grunde die ursprünglichen „extremen christlichen Nationalisten"[6] und viele von ihnen gingen über die grundlegende Evangelisation hinaus, die einfach besagt, dass „Gott, unser Erlöser, alles ist, was du brauchst", und gerieten in die Irre: „Unsere Regierung, unsere Systeme und unsere Politik sind alles, was du brauchst."

Die zwei Städte von Augustinus

Schon zu biblischen Zeiten haben Könige und Königinnen oft versucht, mit „göttlichem Recht" zu regieren – mit anderen Worten, ihr Recht zu regieren wurde ihnen von Gott gegeben und nur Gott kann über sie urteilen; solche Monarchen sind keiner irdischen Autorität gegenüber rechenschaftspflichtig. Dies setzte sich fort bis zu Heinrich VIII. in England, Ludwig XIV. in Frankreich und

---

[5] Die Hermeneutik befasst sich mit der Frage, wie man die Bibel am besten auslegt. Mit „Bogen auf der Makroebene" meine ich, dass man das gesamte Spektrum der Heiligen Schrift betrachtet, von der Genesis bis zur Offenbarung.

[6] Schon vorher hatten John Knox und seine Reformatoren in Schottland christlich-nationalistische Tendenzen, indem sie den Presbyterianismus zur Staatsreligion erklärten und sogar eine theokratische Regierungsform einführten.

König James VI. in Schottland (der die „King James Bible" autorisiert hat). In extremen Fällen sind die Bischöfe der Kirche dem Monarchen unterstellt. Andererseits lehrt die katholische Kirche, dass der Papst die höchste Autorität über die Kirche und damit indirekt auch über den Staat hat – viele Päpste haben im Laufe der Jahrhunderte Macht über europäische Staaten ausgeübt.

Der vielleicht einflussreichste Theologe zu diesem Thema war Augustinus von Hippo (354–430), der glaubte, dass es eine Überlappung zwischen der „irdischen, zeitlichen Stadt" (dem Staat) und der „Stadt Gottes" (der Gemeinde) geben sollte. Anstatt Gemeinde und Staat zu trennen, vertrat Augustinus die Ansicht, es sei die Aufgabe der „zeitlichen Stadt", die Errichtung einer „himmlischen Stadt" auf Erden zu ermöglichen. Fast anderthalb Jahrtausende lang standen die Welt und die Kirche in einer engen Beziehung zueinander: Könige benutzten die Kirche, und die Kirche benutzte die Könige.

Die arrangierte Ehe von Kirche und Staat

In seinem Kern benutzt der extreme Nationalismus nicht nur die Gemeinde und den Namen Christi, um politischen Einfluss und Macht zu gewinnen. Wenn er das Christentum infiziert, verführt er die Gemeinde zu einer arrangierten *Ehe* mit dem politischen System. Er baut auf den Schriften und der Praxis von Theologen wie Augustinus, Calvin und ihren Schülern auf, deren Ideologien Generationen mit einer einzigen Erfindung überschwemmten, die uns heute noch beherrscht: Du (die Gemeinde) musst den Staat als Mittel einsetzen, um Ketzerei zu unterdrücken; du musst tun, was auch immer es kostet, damit das politische System die Wahrheit der Gemeinde unterstützt.[7]

Der Gedanke, der dieser Lüge zugrunde liegt, ist, dass *sich Nationen ändern, weil sich die Politik ändert*. Das ist ein grundlegendes Missverständnis des gesamten Evangeliums und wie das

---

[7] Fairerweise muss man sagen, dass die Gemeinde dies schon lange vor der Reformation tat – zum Beispiel während der spanischen Inquisition. Diese Probleme begannen mit (dem römischen Kaiser) Konstantin, wenn nicht sogar noch früher.

Reich Gottes funktioniert. Extremer Nationalismus in der Gemeinde will politischen Einfluss, anstatt Salz und Licht, Sauerteig oder der Weizen zwischen dem Unkraut zu sein, die genau das sind, was die Ungerechtigkeit in der Gesellschaft einschränkt.

Die zentrale Lüge, dass die Gemeinde den Staat zum Überleben braucht, tauscht die Macht Gottes gegen die Herrlichkeit, die Satan durch die Systeme der Welt anbietet. Was Jesus bei seiner Versuchung ablehnte, haben wir vollständig übernommen.

> *Und der Teufel brachte ihn nach oben, zeigte ihm in einem Augenblick alle Reiche der Welt und sagte ihm: „Dir will ich diese ganze Macht und ihre Herrlichkeit geben. Denn sie ist mir übergeben, und ich gebe sie, wem ich will. Wenn du dich nun vor mir zu Boden wirfst (und mich anbetest), soll alles dir gehören!"* (Lukas 4,5-7).

Die Gemeinde sollte von der Welt nicht erwarten, dass diese ihr zu Hilfe kommt. Die *Gemeinde* sollte es nicht nötig haben, auf menschengemachte Strukturen und Systeme zu schauen, damit diese sie retten, finanzieren, verteidigen oder Gesetze für sie erlassen. Nur weil sie das Verständnis für die Macht Gottes und die Funktionsweise des Reiches Christi verloren hat, schaut die Gemeinde auf die Politik, damit diese Irrlehren bekämpfen und die Standpunkte der Gemeinde unterstützen soll! Daher können wir getrost behaupten, dass die Einsicht in die Macht und das Reich Gottes über viele Generationen hinweg verloren gegangen sein muss. Das hat der Gemeinde keine andere Wahl gelassen, als sich mit einer falschen, imperialen Macht zusammenzutun – eine Partnerschaft, die sie sozusagen mit der Politik verheiratet hat.

Die Wiedertäufer

Auf der einen Seite haben wir die protestantischen Reformatoren, wie Martin Luther, Jean Calvin und John Knox, die die Autorität des Staates nutzten, um Ketzerei zu bekämpfen, wie Augustinus es tausend Jahre zuvor vorgeschlagen hatte. Auf der anderen Seite haben wir die theologischen Traditionen, die von den Wiedertäufern stammen.

Die (Wieder)Täufer wollten getrennte Leiter in der Gemeinde und im Staat, weil sie verstanden hatten, dass Gemeinde und Staat zwei verschiedene Reiche sind und sich nicht vermischen dürfen. Sie vertraten eine starke Lehre von einem gottgefälligen, abgesonderten „Überrest", die auch heute noch einige beeinflusst. Dieser gottgefällige, abgesonderte Überrest glaubt, dass Nationen gut sind (siehe Kapitel 5), aber dass sie Grenzen und ein Ende haben, das von Gott bestimmt wird, und dass unsere Hoffnung nicht in einer politischen Ordnung liegt.

Wir dürfen keine Gemeinde auf dem Rückzug sein, sondern müssen ein geläuterter und mächtiger Einfluss sein, der die Menschen für Jesus einnimmt und zu Bürgern des Reiches Gottes macht. Ähnlich wie die Täufer glaube ich, dass das Reich Gottes und der Staat klar voneinander getrennt sein müssen, damit man wählen kann, zu welchem Reich man gehören will. Der Sauerteig des Herodes darf das Reich Gottes nicht verunreinigen!

Trennung von Kirche und Staat

Als Martin Luther die protestantische Reformation einleitete, setzte er den Gedanken der „zwei Reiche" in die Welt. Das waren die Anfänge der Trennung von Gemeinde und Staat. Ab den 1500er-Jahren bildeten sich drei Lager heraus. Auf der einen Seite haben die römisch-katholische und die anglikanische Kirche eine eng verwobene Beziehung zwischen Kirche und Staat beibehalten. In vielen Ländern ist der Katholizismus die Staatsreligion und die (anglikanische) Kirche von England ist so sehr mit dem Staat verflochten, dass der britische König die Rolle des „Verteidigers des Glaubens" innehat und ihre Bischöfe im Oberhaus der Gesetzgebung sitzen.

In der Mitte anerkannten protestantische Reformatoren wie Luther, Calvin und Knox die zwei Reiche und die Notwendigkeit, freier von staatlicher Einmischung zu sein. Sie betonten den rettenden Glauben, den jeder Einzelne von uns braucht. Trotz ihrer Theologie konnten sie sich nie ganz vom Einfluss der politischen

Regierung lösen. Sie verfochten die ihrer Meinung nach von Gott bestimmte Rolle des Staates, das Gute zu fördern und das Böse zu bestrafen. Sie erkannten den Vorteil, den Staat zu benutzen, um Ketzerei zu unterdrücken und die Sünde durch Gesetze und Vorschriften auszumerzen. In gewisser Weise hat diese Ideologie Regierungen und Politiker als Werkzeuge der Gemeinde betrachtet, als Mittel, um die nationale Kultur im Sinne ihrer religiösen Ziele zu beherrschen. Deshalb gibt es in Teilen des calvinistischen Schottlands offizielle Schilder, die es Kindern verbieten, sonntags auf Spielplätze zu gehen!

Die radikalsten Reformatoren um 1500, die Wiedertäufer, stimmten mit Luther überein, dass es zwei Reiche gibt, gingen aber noch viel weiter: Sie plädierten für eine vollständige Trennung und stellten Regeln auf, die es Gläubigen untersagten, zu wählen, öffentliche Ämter zu bekleiden oder auf irgendeine andere Weise mit dem „Reich der Welt" zu tun zu haben.

Der englische Philosoph John Locke, der vielleicht einflussreichste politische Denker, was z. B. Thomas Jefferson und die Gründer der USA angeht, stellte schließlich eine praktikable Theorie auf, wie eine Nation mit einer vollständigen Trennung von Kirche und Staat geführt werden könnte (auch wenn Locke der Meinung war, dass Atheismus verboten werden sollte!). In der Praxis schaffte es der Satz „Trennung von Kirche und Staat" jedoch nie in die amerikanische Verfassung, und zwölf der ersten dreizehn Staaten waren frei, eigene offizielle Religionen zu ernennen.

Der Nationalismus als falscher Retter

Jede Ideologie hat einen „Retter", der ein Ziel bzw. Endziel verfolgt. Für die Schotten war William Wallace der Retter, und das Endziel war ein unabhängiges, freies Schottland. Für die extremen Nationalisten sind politische, rechtschaffene Führer die Retter, und das Endziel ist eine großartige Nation, die im Kern Gottes gerechte Gesetze hat. Dabei kannst du sicher sein, dass du eines Tages enttäuscht sein wirst, denn Nationen entstehen und fallen (s. Hiob 12,23). In der biblischen Theologie ist Jesus der Retter, und das Ziel der Endzeit ist seine Rückkehr und die Vollendung seines Reiches, in dem Himmel und Erde wieder vereint sind.

Das Neue Testament lehrt uns nie, bei Rettung an ein Territorium zu denken, sondern an einen Einzelnen, der in das Reich Gottes kommt. Erlösung ist nur durch eine individuelle Tür möglich, durch die du, wenn du reumütig deine Sünde bekennst und Jesus Christus als Herrn anerkennst, das ewige Leben und die Zugehörigkeit zum Reich Gottes erhältst.[8] Das Reich Gottes wird durch persönliche Beziehungen vorangetrieben und wächst eine Person nach der anderen. Es ist ein Glaube, der sich auf die Veränderung der Herzen konzentriert.

Mit anderen Worten: Du erbst die Errettung nicht automatisch von deinen Eltern bzw. du erhältst nicht Zugang zu ihr aufgrund der Nation oder des Staates, in dem du lebst, oder aufgrund der Gesetze des Landes. Sie wird immer nur, eine Person nach der anderen, durch ihren persönlichen Glauben erlangt. Schließlich hat niemand für dich entschieden, dass du Christ werden sollst, oder?

Das bedeutet, dass wir nicht von „nationaler Errettung" sprechen können.

Gibt es Schaf- und Ziegennationen?

Der Bibel ist die Vorstellung von „Schafsnationen" und „Ziegennationen" fremd. Wenn du jemals gehört hast, dass es so etwas gibt, dann kommt das von einer schlechten Übersetzung von Matthäus 25,32, wo es heißt:

> *... Alle Völker werden vor ihm versammelt werden, und er wird* ***die Menschen*** *in zwei Gruppen teilen, so wie ein Hirte die Schafe von den Ziegen trennt* (Matthäus 25,32 HFA).

Jesus sagt uns, dass die Menschen getrennt werden, nicht die Nationen oder Völker. Wir werden alle als die Länder der Welt vor ihm versammelt werden, wenn er auf seinem Thron sitzt, und dann werden die Menschen voneinander getrennt werden. Bis zu

---

8 Natürlich durch das Sakrament der Taufe gekennzeichnet.

diesem Punkt in der Zukunft haben die Menschen als Weizen und Unkraut in den Nationen zusammengelebt. Jetzt werden sie vor den Gerichtsthron gebracht und entsprechend der Glaubensentscheidung *jedes Einzelnen* getrennt. Bei seinem Gerichtsprozess schaut Gott nicht auf die Gerechtigkeit des Landes oder des Territoriums (das ist ein muslimischer Gedanke!). Gott beurteilt das Herz eines jeden einzelnen Menschen in seiner Schöpfung.

Kann etwa die Struktur einer politischen Partei Jesus als ihren Erlöser annehmen? Ist das Land jemals durch die Qualität eines Gesetzes gerecht geworden? Was hat das Gesetz jemals gerettet? Die falsche Lehre vom Konzept der Schafs- und Ziegennationen treibt uns in eine Form des christlichen Nationalismus, bei dem wir uns für die Macht der Politik einsetzen, statt für die (geistliche) Macht der Gemeinde. Der Gedanke einer „christlichen Nation" – oder auch einer „nicht-christlichen Nation" – ist biblisch gesehen Unsinn. Ein Land kann das Heil nicht erlangen oder ablehnen, das können nur einzelne Menschen!

Auch kann keine Nation als „christliche Nation" gegründet werden; das ist einfach nicht möglich. Sicherlich kann ein Staat auf der Grundlage christlicher *Werte*, gottgefälliger *Gerechtigkeit* und biblisch begründeter *Gesetze* gegründet werden; dadurch wird die Nation zwar moralisch, aber nicht gerettet. Es kann ihr eine Reihe von guten Prinzipien geben, aber das garantiert keine Veränderung der Herzen ihrer Bürger. Man kann Gründungsprinzipien haben, die einer Nation helfen, jüdisch-christliche Verhaltenstendenzen anzunehmen (und das finde ich gut), aber das macht niemand gerecht vor Gott. Gott schaut auf das Herz eines Menschen, nicht auf deine Struktur oder Verfassung.

Wenn dir der Gedanke, dass sich Matthäus 25,32 auf Menschen und nicht auf Nationen bezieht, neu ist, lies bitte den Anhang am Ende dieses Buches, in dem dies ausführlicher behandelt und aufgezeigt wird, wie diese irrige Lehre in die Gemeinde kam.

Natürlich gibt es christliche Politiker, die wir unbedingt unterstützen, für die wir beten und die wir ermutigen wollen. Und wenn die Wahlmöglichkeiten nicht so klar sind, wie die zwischen gottesfürchtigen und gottlosen Kandidaten (wie es in Großbritannien häufig der Fall ist), ist das Ergebnis vielleicht nicht so wichtig, wie wir denken. Schließlich dreht sich das Evangelium um Erlösung und das Reich Gottes, und nicht um politische Veränderung. Wie bereits gesagt, ist das Reich Gottes revolutionär und gefährlich für alle anderen Mächte!

Kein heutiger geopolitischer Nationalstaat ist „eine Nation unter Gott". In jeder Nation auf der Erde gibt es Mitglieder von Gottes Reich, die ein auserwähltes Volk sind; und wie der Apostel in 1. Petrus 2,9 schreibt, sind sie *„eine Priesterschaft von Königen"* und *„ein erworbenes Volk"*. Sie sind sein *„heiliges Volk"* (Königreich), weil sie *„aus der Finsternis in sein wunderbares Licht"* gerufen worden sind. Petrus führt diesen Gedanken in den folgenden Versen weiter aus, damit wir verstehen, dass diejenigen, die das Bürgerrecht des Reiches Gottes angenommen haben, inmitten heidnischer Gesellschaften *„als Ausländer und Fremdlinge"* ein gottgefälliges Leben führen. Wir sind Fremde in dieser Welt – zwar in der Welt, aber nicht von ihr.

Für welches Reich stehst du zur Verfügung?

Das Reich Gottes ist für dich im Hier und Jetzt verfügbar. Aber die eigentliche Frage ist, ob du für das Reich Gottes zur Verfügung stehst? Das Reich Gottes ist weder in einer Partnerschaft mit anderen Reichen, noch ist es auf andere Reiche angewiesen. Es ist nicht mit anderen Königreichen vergleichbar. Die Gemeinde Jesu kümmert sich nicht um die Angelegenheiten eines anderen Reiches.

Viele der Gleichnisse in der Heiligen Schrift über das Reich Gottes zeigen, dass es auf fast unmerkliche Weise wächst: Es ist *Weizen unter dem Unkraut*; es ist *Sauerteig im Teig*; es ist wie eine revolutionäre Unterwanderung, die nicht immer erkennbar ist. Das Reich Gottes ist da, und es ist ansteckend! Wir müssen den Reichen dieser Welt mehr misstrauen und uns von der Lüge lösen, dass die Politik eine Nation rettet.

Kann eine Nation einen Bund schließen?

Wir denken oft, dass wir unsere Nationen mit Gott verbünden können, aber das ist keine biblische Realität und wird von der Geschichte nicht bestätigt. Im Jahr 1638 versuchte Schottland, einen Bund mit Gott („Solemn League and Covenant") zu schließen. Alle schottischen Gemeindeführer gaben auf dem Friedhof der *Greyfriars Kirk* in Edinburgh ein Versprechen ab. Der Bundesdokument wurde durch das ganze Land geschickt, in jede Stadt und jedes Dorf, und wurde von einer großen Zahl der Bevölkerung unterzeichnet. Wenn man seinen Namen nicht schreiben konnte, unterschrieb man mit seinem Blut. Danach, während dem, was die schottische Kirche das „goldene Jahrzehnt" oder die „Herrschaft der Heiligen" nannte, dämmerte es den Menschen, dass sie nicht mehr frei waren, sondern sich im Griff einer gnadenlosen religiösen Theokratie befanden. Einer ihrer Anführer bemerkte schadenfroh:

> Schottland steht in seiner Blüte. Es gibt keine Familie, die so verborgen wäre, dass [die Kirche] ihre Sündhaftigkeit nicht ausfindig machen könnte. In ganz Schottland kann keine skandalöse Person leben, kein Skandal kann verheimlicht werden, weil die Pfarrer und die Gemeinde im rigorosen Austausch miteinander sind. Die einzige Beschwerde der weltlich gesinnten Menschen lautet: Wir haben keine Freiheit zu sündigen.[9]

Schottland wurde bald zu einer Welt, in der Kinder verfolgt und eingesperrt wurden, weil sie ihre Eltern nicht ehrten; in der Hinrichtungen an der Tagesordnung waren; in der Männer, Frauen und Kinder ausgepeitscht, an den Ohren an Pfähle genagelt und Löcher in ihre Zungen gebohrt wurden. Die im Bund zusammengeschlossenen Menschen standen sozusagen knietief im Blut und in den Eingeweiden ihrer Nachbarn. Bald weitete sich die Gewalt zu einem Bürgerkrieg, religiösem Terrorismus und der Hinrichtung eines Königs aus. Schottland war zu einem religiösen Gesetzesstaat geworden und seine Führer waren machthungrige

[9] Aus: *A History of Scotland* von Neil Oliver (Phoenix, AZ: Phoenix Publisher, 2011).

Diktatoren unter der Flagge der Kirche – doch innerhalb von zehn Jahren war alles auseinandergefallen.

Biblisch gesehen, schließt nur Gott Bündnisse mit Nationen, nicht umgekehrt. Das ist etwas, das er sich ausgesucht hat, und in der gesamten Heiligen Schrift hat er es nur mit einer Volksgruppe gemacht. Nüchtern betrachtet hat Gott nach dem Turmbau zu Babel die Völker enterbt und nur mit Israel einen Bund geschlossen, einem Volk, das er sein Eigen nannte.

> *Als der Höchste den Nationen das Erbe austeilte, als er die Menschenkinder voneinander schied, da legte er fest die Grenzen der Völker nach der Zahl der Söhne Israel. Denn der Anteil des HERRN ist sein Volk, Jakob das Maß seines Erbteils* (5. Mose 32,8-9).

Obwohl die Schotten voller guter Absichten waren, hielten sie ihren Bund nicht ein, da es ist nicht möglich ist, einen Bund einzuhalten, den *wir* initiieren. In unserer Sündhaftigkeit werden wir die Bedingungen immer brechen. Paulus erläutert im Römerbrief, dass der Alte Bund (Gott verspricht, sein Volk zu segnen, wenn es auf ihn hört und seine Gesetze hält; s. 2. Mose 19,5-8) niemals erfolgreich sein würde. Es war unmöglich, seine Bedingungen einzuhalten, weil Menschen immer versagen (s. Römer 3,23).

Jesus ist nicht daran interessiert, dass du oder ich uns mit unserem Land verheiraten oder gar, dass er selbst dies tut, oder dass wir in einem Bund unser Land ihm anvertrauen. Er will *nur* seine Braut heiraten und ausschließlich mit ihr ein ewiges Eheversprechen abgeben. Der zukünftige Bund ist einer, der in unsere Herzen geschrieben ist, nicht in Gesetzbücher, Verfassungen oder in Worte und Erlasse wohlmeinender Fürbitter.

> *Sondern das ist der Bund, den ich mit dem Haus Israel nach jenen Tagen schließen werde, spricht der HERR: Ich lege mein Gesetz in ihr Inneres und werde es auf ihr Herz schreiben. Und ich werde ihr Gott sein, und sie werden mein Volk sein"* (Jeremia 31,33).

Im alttestamentlichen Israel war die Beschneidung das Zeichen dafür, dass man ein Mitglied der „Nation" geworden war. Im

Neuen Testament ist die Taufe der Gläubigen das Zeichen, das dich in das Reich Gottes bringt. Der neue, unzerbrechliche Bund wurde zwischen Vater und Sohn am Kreuz geschlossen. Jesus hat uns durch sein Blut in diesen Bund hineingekauft, und deshalb wird der einzige Bund, auf den wir uns jetzt freuen, an dem Tag geschlossen, an dem wir – die Mitglieder seines Königreichs, die Braut –, mit dem Bräutigam auf der Hochzeit des Lammes verbunden werden!

KAPITEL 8

Patriotismus versus extremer Nationalismus

Strebt aber zuerst nach dem Reich Gottes und seiner Gerechtigkeit, und das alles wird euch dazugegeben.

Matthäus 6,33

Der Stolz einer Nation

Es ist notwendig, dass du dein Land liebst, für dein Land betest und dein Land beeinflusst. Aber wenn du vergisst, dass das Reich Gottes höher ist, alles überragt und mehr als alles erstrebt und ergriffen werden soll, und dass Gott souverän ist, gibst du deinem Land in der Gesamthierarchie des Universums eine falsche Stellung, und das führt zu immer extremeren Formen des Nationalismus. Extremer Nationalismus ist Patriotismus auf Abwegen.

Wie viel Zeit verbringst du damit, über deine Nation nachzudenken, und wie viel Zeit verbringst du mit der Frage, wie du das Reich Gottes erweitern kannst? Wir haben vielleicht einen Pass, der unsere irdische Nationalität dokumentiert, aber wir können zu viel Wert auf unsere Staatsbürgerschaft in dieser Nation legen und nicht genug Wert darauf, Teil der internationalen Familie Gottes zu sein. Das kann zu einem Götzendienst werden.

Wir lieben unseren Nächsten, dienen unserer Stadt, schätzen unsere Nation und sind gute Patrioten, doch aus einem falsch verstandenen Patriotismus heraus wächst auf einmal der Nationalismus und damit der Götzendienst. Es geht also darum, die richtigen Prioritäten zu setzen und in uns nur einen *schwach ausgeprägten* Patriotismus zu entwickeln, der präsent ist, aber nicht dominiert.

Die Nation darf in unserem Denken nicht zu Gott werden. Ungehemmter Patriotismus führt zu einer Gesinnung, in der die Nation zu *Gott* oder zum Maßstab wird, an dem gemessen alle anderen Nationen schlechter abschneiden. Wenn in den Herzen eines Volkes der Stolz der Überlegenheit herrscht, ist der Herr gezwungen, diesem Volk zu widerstehen. Wie schätzt du das Niveau des Stolzes in deiner eigenen Nation ein?

Wie viele Nationen sind versehentlich in die Falle getappt, zu glauben, sie seien das Vorbild für Wissen, der Maßstab dafür, wie Bildung angewendet werden muss, der Gipfel der Weisheit, die Richtschnur für Fortschritt, der Goldstandard eines Wirtschaftssystems und das absolute Beispiel für die richtige Regierungsform? Das schreit jedem Betrachter entgegen: „Ihr müsst so werden wie wir, denn wir haben Größe erreicht und sind deshalb *die* Autorität". Das ist eine hochmütige Rhetorik, die dann in eine Sprache des Konflikts mündet. Sobald wir selbstgefällig und großspurig werden, verlieren wir die Demut, Frieden zu schaffen, Diplomatie zu üben, zu verhandeln und zu dienen. Reiche und mächtige Nationen glauben seit jeher, sie hätten ein göttliches Recht, eine *offenkundige Bestimmung*, die Zukunft nach ihren eigenen Vorstellungen zu gestalten.

Stammesdenken – Nationalismus innerhalb der Grenzen

Wenn es jenseits von Nation gegen Nation extremen Nationalismus innerhalb deiner eigenen Grenzen gibt, wird der dämonische Geist seine Agenda fortsetzen, um die Menschen in defensive und isolierte „Stämme" zu trennen, in denen jede Fraktion glaubt, sie habe das Monopol auf die Wahrheit, und das wird zum Nährboden für Bürgerkriege.

Die subtile Seite davon hat begonnen, auf unseren Social-Media-Plattformen Fuß zu fassen, wo wir uns mehr mit denen verbunden fühlen, die zum gleichen Hundeverein, Sportverein,

Verschwörungstheorie-Club oder zur selben politischen Partei gehören, als mit der Nation.

Unbelehrbarer Nationalismus

Das Anliegen der Gläubigen in den Zeiten, in denen Gott die Menschheit erschüttert, sollte sein, dass wir es vermeiden, uns in einen unbelehrbaren Nationalismus zurückzuziehen, in dem wir uns zusammenkauern und unsere Nation als perfekt und als die Antwort auf alles verteidigen. Allerdings verhindert man die Extreme des Nationalismus nicht, indem man Nationen dazu zwingt, Mitglied in homogenen Gebilden wie der Europäischen Union (EU) oder anderen internationalen Bündnissen zu werden. Schließlich sind wir keine 08/15-Nationen. Stattdessen sollte es uns dazu drängen, zu lehren, was biblische Nationalität ist, d. h. über den gottgegebenen Wert jeder Nation zu lehren, aber auch über die höchste, rettende Macht des Himmelreichs.

Wachsen unter Verfolgung

Da wir unser Denken darauf aufgebaut haben, dass das Reich Jesu revolutionär und gefährlich für alle anderen Mächte ist, müssen wir bedenken, wie schlecht unsere radikale, subversive Rhetorik innerhalb der Grenzen unserer Nationen ankommen wird. Das Evangelium wird für die Herrschenden und ihre Systeme anstößig sein, und wir werden verfolgt werden.

Fast alle Jünger Jesu erlitten ein schmerzhaftes Martyrium: Sie wurden kopfüber gekreuzigt, in Öl gekocht oder enthauptet. Sie haben für ihren Glauben sehr gelitten und mussten wegen ihres mutigen Zeugnisses einen gewaltsamen Tod sterben. Ich habe es oft als schwierig empfunden, Hebräer 11 zu lesen, ohne Tränen in den Augen zu haben, wo die Wege der Gläubigen in den Märtyrertod beschrieben werden: in zwei Teile zersägt, gesteinigt, misshandelt, mittellos und verfolgt zu werden (s. Hebräer 11,3). Diese tapferen Männer und Frauen lebten in Wüsten, Höhlen und Erdlöchern und wurden für ihren Glauben gelobt. Und all das wurde ihnen nicht deshalb angetan, weil sie *nur* von der Liebe Gottes sprachen.

Die verfolgte Gemeinde von heute wird nicht wegen ihrer wohlklingenden Anbetung von Regierungen verfolgt. Nein! Die Jünger und die Verfolgten waren und sind eine echte Bedrohung für den *Status quo* der Nation. Das Reich des Königs Jesus ist eine Gefahr für alle von Menschen geschaffenen und satanisch inspirierten Reiche dieser Welt.

Schmerzlich müssen wir erkennen, dass die Gemeinde unter Verfolgung am erfolgreichsten ist. Aber wenn sie (vom Staat) begünstigt wird und Raum in einer Nation erhält, wird sie fett, irrelevant, impotent und machtlos. Dagegen wächst die Gemeinde bei extremer Opposition ausnahmslos rasant. Satan weiß, dass das Beste, was er erreichen kann, darin besteht, dass der Staat das Volk Gottes „glücklich macht".

In der frühen Gemeinde schwenkten die Christen nicht die römische Flagge! Rom war dem Volk Gottes so feindlich gesinnt, dass sie sich nicht daran beteiligen wollten, Rom zur Siegernation zu erheben. Das griechische Wort für *Zeuge* wurde zum englischen Wort für *Märtyrer.* Für Jesus zu zeugen, kostete dich dein Leben.

Sind deine ersten Gedanken als prophetische Person:

- „Wie schütze, bewache und stärke ich meine Nation?"
- „Wie kann ich die Politik dazu bringen, die Gemeinde mehr zu segnen?"

Oder stellst du Fragen, die sich mehr am Königreich orientieren:

- „Vater, wo steht mein Land im Verlauf seiner Geschichte, und was hast du in der jetzigen Zeit mit ihm vor?"
- „Wie weit sind die Menschen in meinem Land davon abgekommen, dir Raum zu geben, Herr?"
- „Wie könnte ich ihnen das Königreich mehr nahebringen?"

Hör auf, Babylon zu schützen

Der Schutz unserer Nation ist zu einer Religion geworden. Wenn du heute feststellen würdest, dass du in Babylon lebst (einer Nation, die Gott feindlich gesinnt ist), würdest du dann beten: „Gott segne Babylon!" oder: „Gott, ich will, dass Babylon wächst!"? Oder würdest du eine babylonische Flagge schwenken?

Oder würdest du stattdessen Reich-Gottes-Gebete beten wie: „Gott, segne den Überrest, dass er aufsteht und gestärkt wird, damit er ein radikaler Wegweiser für Jesus Christus ist!"? Bestimmt wissen wir, dass wir nicht beten, um die Reiche dieser Welt zu segnen. Und ist uns auch klar, dass wir unsere Körper nicht mit einem einschlägigen Zeichen versehen oder die Fahnen der Reiche dieser Welt schwenken sollen?

In einem Moment der absoluten Ehrlichkeit sollten wir uns die Frage stellen: „Ist mein Land wie Babylon?" Denn wenn es so ist, ist es wahrscheinlich, dass Gott im Beschneidungsmodus ist – er schüttelt und korrigiert den Kurs. Wir müssen offen sein, um zu überdenken, was wir sind, und uns fragen: „Ist meine Nation angesichts dessen, wo wir stehen, auf dem Weg zum Gericht oder zum Segen, zur Barmherzigkeit oder zu Konsequenzen, zum Exil oder zur Freiheit?" Propheten, bitte lasst uns wachsam sein, wenn wir für unsere Nationen beten! Lasst uns um die Gabe der Unterscheidung der Geister bitten, damit wir wissen, mit welchem Geist wir für sie Fürbitte tun und über sie prophezeien.

Wir sind Fremde im Exil, eine Diaspora, die auf ihren kommenden König wartet. Wir beten für die Nation, aber wir wollen wieder „nach Hause". Unsere Nationen sind von *dieser* Welt, und Christen müssen in jedem Land der Welt lediglich als Durchreisende leben. Achte darauf, wie du über Symbole wie Flaggen, das Salutieren von Flaggen und das Hissen von Flaggen denkst – wie du es tust und *warum* du es tust, kann leicht in deinem Herzen durcheinandergeraten. In welchem Geist singst du eine Nationalhymne oder liest eine Verfassung?

Jesus lehrte uns nicht zu beten: „Gott segne unser Land!" Er lehrte uns stattdessen zu beten, dass *sein Reich kommt*. Wir sollten damit beginnen, für unsere Mitstreiterinnen und Mitstreiter im Reich Gottes im ganzen Land zu beten, damit sie mutig die befreiende Kraft Jesu demonstrieren. Wenn wir dafür beten, dass sein Reich kommt, erwarten wir im Grunde, dass die Reiche dieser Welt – und ihre Herrlichkeit und ihr Komfort – erschüttert und nicht unterstützt werden.

Unbelehrbarer Nationalismus, Imperiumsdenken

Wir rutschen immer weiter ab! Die Köpfe verschließen sich, die Herzen sind verhärtet, der Patriotismus ist zum Nationalismus, und der extreme Nationalismus wiederum zum Imperiumsdenken geworden. In diesem Fall sprechen die Dämonen, und sie haben ein christliches Publikum!

Wenn wir im Imperiumsdenken oder unbelehrbaren Nationalismus gefangen sind, kommt es nicht in Frage, von anderen zu lernen, die keine Echokammer unserer eigenen Gedanken sind. Wir werden dann nur das akzeptieren, was uns verhärtete und halbe „Wahrheiten" widerspiegelt. Hier wird Rassismus gezüchtet, bis er zu einem dominanten Teil der Kultur wird. Alle Formen von Misstrauen sind weit verbreitet, denn abgeschottete Gruppen schaffen sich gemeinsame Feinde – alle, die anders sind als sie und sie „schärfen" (s. Sprüche 27,17[1]) könnten. Fremdenfeindlichkeit ist die Norm. Verschwörungstheorien, die die Annahmen weiter untermauern, grassieren.

Letztlich führt diese extreme Partnerschaft mit einem Imperiums-Dämon zu einer tiefen Angst, überrannt zu werden oder zu verlieren, was man hat. Sie führt zu einem Herrschaftsdenken, bei dem es vernünftig erscheint, viele Menschen zu unterwerfen, sodass die Armut, der Mangel an Bildung oder der Schmerz eines anderen leicht übersehen und gerechtfertigt werden kann. Es wird durch Angst geschürt und erzeugt auch Angst bei seinen Anhängern. Diese Gesinnung sagt schließlich: „Wir wollen nicht, dass jemand kommt und uns beraubt." Wir können über ihre Gleichberechtigung sprechen, aber wir werden sie nicht fördern.

---

[1] *„Eisen wird mit Eisen geschärft, und ein Mensch bekommt seinen Schliff durch Umgang mit anderen"* (Sprüche 27,17 GNB).

Aus „Auf Gott vertrauen wir" wird „Auf *unsere* Macht vertrauen wir". Statt sich auf die ewigen Arme des Erlösers zu verlassen, verlasse ich mich auf meine von Menschen gemachten Grenzen und darauf, dass ich in der Lage bin, mich gegen jeden zu behaupten, der oberflächlich betrachtet anders aussieht. Es geht dann nur noch darum, sich selbst zu schützen und zu verteidigen. Man glaubt an das Recht, sich gegen andere zu bewaffnen. Manchmal hat es dann den Anschein, als würde man Moral oder Wahrheit *durchsetzen*, als würde man Gerechtigkeit vollziehen, weil man ja möchte, dass andere gerettet werden. Wie wir jedoch am Beispiel der schottischen „Rule of the Saints"-Periode gesehen haben, werden Herrschaft und Unterwerfung niemals wirklich gerechte Früchte tragen – wenn die Wurzel faul ist, kann der Baum keine guten Früchte bringen (s. Matthäus 12,33).

Imperien stellen sich als Rivalen von Jesus Christus auf, denn für sie ist *ihre* Version der Wahrheit die Wahrheit. Bei Imperien geht es letztlich um Selbstvergötterung. Wenn ein Land davon überrollt wird, neigen die Unterworfenen dazu, sich mit der Zeit mit dem militanten Wunsch zu erheben, das Imperium zu stürzen. Es ist jedoch wichtig zu erkennen, dass der Aufstieg der Unterdrückten oft durch ihre eigenen ungelösten Traumen und ihren Schmerz getrieben wird und sie ihrerseits in einen Kreislauf von Herrschaft, Strafe und Vergeltung geraten und die Muster der Geschichte wiederholen – wenn sie nicht vorher gewaltsam zerschlagen werden.

Der Imperiums-Geist lässt den Überlegenheitskomplex voll ausreifen, wobei Wut und Angst nahe an der Oberfläche pulsieren. Gott hasst die Arroganz des Imperiumsdenkens, die sich in denen manifestiert, die meinen, sie müssten nichts lernen. In diesem Fall sind wir mit einer Doktrin des unbelehrbaren Nationalismus zur „unbelehrbaren Gemeinde" geworden.

Wenn dies in das Haus Gottes eindringt, fangen wir an, unsere eigene Version von Gemeinde zu spielen und errichten Verteidigungsmauern gegen Aspekte der Wahrheit, die andere vertreten. Der dämonische Geist führt die Gemeinden, die unter seiner Macht stehen, zur Ketzerjagd mit starken, inquisitionsähnlichen

Kampfverbänden (unter dem falschen Deckmantel von Matthäus 18), um die Grenzen des akzeptablen Verhaltens einzuengen.

Ist ein Imperium in der Krise und spürt, dass sein Einfluss nachlässt, überwacht es seine Grenzen übermäßig, weil es den Niedergang fürchtet, und führt so zu einer Gemeinde, die unbeabsichtigten Schaden anrichtet. Wir können dies auch als „territoriale Geister" oder „Oligarchie" bezeichnen, wenn die Herrschaft in den Händen einiger weniger liegt, die durch die Religion die Kontrolle ausüben. Das Volk Gottes wird pharisäerhaft (wie die Pharisäer), überschätzt seine Möglichkeiten in Krisenzeiten und verliert an Bedeutung. Die Gemeinde wird extrem gespalten, und das Mantra lautet: „Sei misstrauisch!" Vertrautheit ist jetzt fast unmöglich, weil die Verletzlichkeit untergraben wird und es unsicher ist, sein Herz zu zeigen. Deine einzige Überlebenschance ist es, gefühllos zu werden, aber in der Gefühllosigkeit geht jede Sensibilität gegenüber dem Geist Gottes verloren, was zu einem geistlich impotenten und sterilen Volk führt.

Unbelehrbar und protektionistisch

An diesem Punkt hören wir gerne die Stimmen der Dekonstrukteure, die *alles*, was die gegenwärtigen Gemeindenstrukturen ausmacht, abschaffen und niederbrennen wollen. Dieser Gedanke hat zwar vielleicht eine gewisse Berechtigung, verstärkt aber nur das Bedürfnis der Oligarchen, das zu schützen, was sie haben. (Auch wenn ich hier das Bild einer sehr extremen Form des Imperiumsdenkens innerhalb der Gemeinde zeichne, bin ich mir sicher, dass wir eine Version davon in der westlichen Christenheit erkennen können.) Ein Beispiel für diesen Protektionismus findet sich bei den Vorläufern der protestantischen Reformation.

Wie ich in der Einführung beschrieben habe, bin ich in einer protestantischen Kultur aufgewachsen, die in ihrem Kern einen „unbelehrbaren Protestantismus" aufwies. Dieser beherrschte die Kunst der Uneinigkeit und der Spaltung! Der Protestantismus, der weltweit eine Milliarde Anhänger hat, muss sich darüber im Klaren sein, dass trotz des Guten, das er vielen brachte, seine Schattenseite uns eine tiefe, emotionale Grundeinstellung antrainiert hat, sodass wir sagen können: „Wir sind nicht eine Gemeinde und wir sind nicht eine Familie." Dies rechtfertigte die Vorstellung, dass wir uns niemals ändern müssten – nur einfach weiter zu spalten war akzeptabel. Die Ironie ist, dass wir von der sogenannten Reformation den tief verwurzelten Gedanken „lieber trennen als reformieren" geerbt haben (auch wenn das selten laut ausgesprochen wird).

Der unbelehrbare Protestantismus ist zutiefst mit dem Imperiumsdenken verbunden und erklärt stolz: „Ich lasse mich nicht von dir schärfen; ich will nichts von dir lernen – du hast mir nichts beizubringen, was sich lohnt". Das ist die Gemeinde in ihrer vollendeten Unbelehrbarkeit, die häufig mit einem unbelehrbaren Nationalismus verbunden ist.

Die Gemeinde ist immer die Regierung Gottes auf der Erde. Unsere Aufgabe ist es, die Atmosphären zu beeinflussen. Wenn wir also als Gemeinde unbelehrbar, defensiv, aggressiv und territorial sind, beeinflussen wir Nationen und diese werden genauso defensiv wie wir. Wenn die Gemeinde sich andere Gemeinden zu Feinden macht, führt das dazu, dass die Nationen sich andere Nationen zu Feinden machen. Sind wir in Zeiten des Krieges mutig genug, uns zu fragen, ob *wir* die Saat des Krieges gesät haben, weil durch das Verhalten „Gemeinde gegen Gemeinde" die Voraussetzung für „Nation gegen Nation" geschaffen wird? Was wir beispielhaft vorleben, wird die Nation werden!

Demut und Unterwerfung

Gott greift in seiner Barmherzigkeit und unerbittlichen Güte ein, um unseren Widerstand zu brechen. Es gibt nur eine Lösung, wenn wir uns in dieser Situation der defensiven Spaltung befinden, und das ist der tiefe, wehklagende Schrei nach Demut und Unterordnung unter Jesus Christus. Anstatt für unsere eigene Erhöhung und Vorherrschaft zu kämpfen, sollten wir uns dem Geist Gottes hingeben, damit sein Geist unseren Geist erfüllt und unser Fleisch von ihm beherrscht wird, sodass wir Träger *seiner* Fülle werden, statt von uns selbst erfüllt zu sein.

Wenn wir die ganze Zeit beleidigt und leicht zu provozieren sind, leben wir im Fleisch und unter dem Einfluss der Reiche dieser Welt. Wenn du in diesem Zustand bleibst, kannst du das Reich Gottes niemals erweitern.

Gebet

Vater, vergib mir. Es tut mir leid, dass ich so leicht in eine Abwehrhaltung und Protektionismus verfallen bin. Herr, wo es bei mir einen Geist der Spaltung und der Trennung gibt, tue ich Buße und löse mich davon.

Wenn ich zugelassen habe, dass mein Patriotismus etwas Dunkleres geworden ist, tut es mir leid, Herr. Ich tue Buße für jedes Mal, wenn ich wissentlich oder unwissentlich meine Nation oder andere Nationen als Götzen betrachtet und meine Hoffnung, mein Vertrauen und meine Treue auf sie gesetzt habe, anstatt auf dich. Ich entscheide mich dafür, zuerst dein Reich zu suchen!

Nachdem ich Buße getan und mit diesen Dingen gebrochen habe, verwerfe ich nun jeden dämonischen Geist des Stolzes, des Nationalismus und des Stammesdenkens, der mich unterdrückt hat. Ich sage ihm: „Verlasse mich jetzt, im Namen Jesu Christi. Du darfst keinen Einfluss mehr auf mich haben."

Ich erkläre die Wahrheit, dass ich ein Kind Christi bin, adoptiert in eine neue Familie, eine königliche Priesterschaft. Ich bin in erster Linie ein Bürger seines Reiches, nicht der Nation, für die ich patriotische Gefühle habe.

Heiliger Geist, erfülle mich bitte von Neuem mit dem Eifer des Herrn, damit ich deine Wege mehr liebe als die Wege der Welt. Gib mir den Mut, dass ich weder dieses zeitliche Dasein noch die notwendigen Erschütterungen fürchte, denn ich weiß, dass meine ewige Bestimmung ein neuer Himmel und eine neue Erde ist. Amen.

KAPITEL 9

Gott und die Politik

> Ich bin mir jetzt ziemlich sicher, dass das Denkvermögen eines Menschen in religiösen und politischen Angelegenheiten oft, sehr oft, nicht besser ist als das der Affen.
>
> Mark Twain

Was war dein Kindheitstraum? Bei mir war es so, dass ich insgeheim immer Premierministerin des Vereinigten Königreichs werden wollte! In der ersten Woche meines Politikstudiums an der Universität trat ich im leicht zu beeindruckenden Alter von 18 Jahren einer politischen Partei bei und klebte meinungsstarke, parteipolitische Poster an die Wand meines Zimmers im Studentenwohnheim. Ich war sehr verärgert über die Änderung der Zahlungsmodalitäten für die Studiengebühren. Zu sagen, dass ich mich vom bestehenden politischen System im Stich gelassen fühlte, wäre eine Untertreibung!

Im Laufe meines Studiums machte sich jedoch Ernüchterung breit, als mich Zweifel und Fragen überkamen, was Politik eigentlich bewirken kann. Ich wechselte zum Hauptfach Soziologie und verbrachte viele Stunden damit, Profile von Serienmördern zu erstellen, um zu verstehen, was mit den Menschen in der Gesellschaft passiert, wenn sie geisteskrank werden. Parallel dazu machte ich eine Ausbildung zum Berater in einer Pro-Life-Organisation – für den Fall, dass man auf diese Weise die Gesellschaft wirklich verändern könnte.

Als ich dann 22 Jahre alt war, meinen Abschluss gemacht hatte und frisch verheiratet war, beschloss ich, dass die Welt durch die Wirtschaft verändert wird, und machte eine Umschulung. Es war ein langer und steiniger Weg, bis ich verstand, dass in Wirklichkeit die Kraft Gottes die Veränderung bringt, indem sie durch seine Leute wirkt.

Irgendwann hatten mein Mann David und ich zugelassen, dass uns Matthäus 16 unter die Haut ging, wo die Herrschaft Gottes *nur* auf die Gemeinde übertragen wird, auf sonst nichts. Nichts anderes ist von Gott mit seiner verwandelnden Kraft und seinen Herrschaftsfähigkeiten so gesegnet wie die *Ekklesia,* sein Volk.

> *Auf diesem (von dir genannten) Felsgrund werde ich meine Gemeinde bauen, und die Tore der Totenwelt werden sie nicht bezwingen* (Matthäus 16,18).

Heute, nach 25 Jahren Ehe, sind wir mehr denn je davon überzeugt, dass wir eine Transformation brauchen, und die Frage, *wie* die Macht Gottes am besten durch die Gemeinde in den Nationen sichtbar wird, steht immer noch im Zentrum vieler Tischgespräche.

Was ist die politische Philosophie der Bibel?

Vielleicht hast du in den vorherigen Kapiteln etwas über die Fehler des christlichen Nationalismus in seinen Extremen und über den Imperiums-Geist gelesen und dich gefragt, ob sie wirklich so schlimm sind! Während wir uns nun gemeinsam tiefer in die Materie einarbeiten, werden wir untersuchen, was Gott wirklich über Politik sagt. Zu Beginn möchte ich dir ein paar Fragen stellen:

- Wie stark politisch motiviert und orientiert bist du?
- Hast du eine starke Bindung an eine Partei oder bist du Mitglied in einer Partei?
- Liebst du Politik?
- *Solltest* du die Politik lieben?

Wie du diese Fragen beantwortest, hängt davon ab, was du unter Erfolg verstehst.

Was kennzeichnet Erfolg?

Im Großen und Ganzen glauben die meisten von uns, dass Erfolg Folgendes ist: eine große Gemeinde, ein Christ in einem politischen Amt, die Möglichkeit, sich so zu versammeln, wie wir es uns wünschen, eigene Gemeindegebäude, christliche Gesetze, eine dominante Stimme in der Politik sowie eine Landschaft, in der die Gemeinde der Eckpfeiler unserer modernen, westlichen Gesellschaft ist und in der das Volk Gottes von der Gesellschaft akzeptiert wird.

Wir denken darüber nach, Einfluss zu haben, und deshalb ist *bedeutenden Einfluss zu haben* für uns ein grundlegender Motivator. Wir schätzen Popularität als ein Gefühl, angekommen zu sein und etwas erreicht zu haben. Die Größe unseres „Publikums" ist für uns zu einem entscheidenden Maßstab geworden; deshalb legen wir mehr Wert auf Breite als auf Tiefe. Wir bevorzugen es, in unseren Städten, Staaten und Nationen wohlbekannt zu sein und von oben herab zu herrschen und machen dabei Kompromisse, um unseren Platz zu halten. Wir lieben es, eine moderne Ausstrahlung zu haben, bei der wahre Nachfolge eher *inbegriffen* ist, als dass sie gelebt wird.

Aber was ist, wenn Erfolg nichts mit all dem zu tun hat?

Was ist, wenn Erfolg eine Gemeinde ist, die unter Ablehnung gedeiht und herrlich intolerant gegenüber den Werten der Gesellschaft ist? Was ist, wenn Erfolg kleine Räumlichkeiten und risikoreiche Entscheidungen bedeutet, die eher befreien als dominieren wollen?

Sicherlich ist eine *heilige* Ausstrahlung wünschenswerter als eine *moderne*.

Wie sieht Gerechtigkeit in einer Nation aus?

Gerechtigkeit erhöht eine Nation (Sprüche 14,34).

Es geht in diesem Vers nicht darum, dass einflussreiche Christen eine Nation oder wichtige Wahlergebnisse eine Nation erhöhen, sondern darum, dass *Gerechtigkeit* eine Nation zu Gott bringt. Wie können wir das messen?

Was ist ein biblischer Maßstab für eine gerechte Nation? Was ist dein Maßstab – bzw. was ist dein Ziel oder wann ist es so weit –, dass deine Nation als gerecht gilt? Natürlich wollen wir gerechte Gesetze, aber würden diese uns zu einer gerechten Nation machen? Die Antwort lautet: „Nein!" Schließlich gibt es eine Reihe ultrakonservativer Nationen auf der Welt (meist muslimisch dominiert), in denen keine Abtreibung erlaubt ist, keine Pornografie zugelassen wird, keine Homosexualität geduldet wird und so weiter. Sind das „gerechte" Länder? Nein!

Das Christentum beginnt grundsätzlich mit dem Zustand der Herzen der Menschen und wird daran auch gemessen. Dein Zugang zum Himmelreich wurde dir nie auf der Grundlage gewährt, dass du Gesetze eingehalten hast, Regeln oder Gesetze aufgestellt hast. Das Gesetz *hat noch nie* jemanden gerettet. Sicherlich ist das Einhalten von Gesetzen ein vernünftiger Maßstab für eine gesunde Gesellschaft, aber es ist nicht der biblische Weg zur Erlösung.

Will ich, dass Abtreibung verboten wird? Ja. Jahrelang habe ich als Sprecherin für die Pro-Life-Lobby gearbeitet, im Fernsehen und im Radio, um die Argumente der Abtreibungsgegner zu vertreten. Trotzdem: Wenn ich ein Anti-Abtreibungsgesetz durchsetzen würde, würde das mein Land dann gerechter vor Gott machen? Ganz und gar nicht!

Islam und Christentum vertreten gegensätzliche Ansichten darüber, wie man mit Gesellschaften umgehen sollte. Das wahre Christentum ist motiviert, mit dem Herzen und der persönlichen Verwandlung zu beginnen, weil es um einen individuelle Glauben an die Herrschaft von Jesus Christus geht. Wenn Jesus dein Herz hat, gehört ihm auch alles, was du besitzt, was du bist, wie du wählst und wie du dein Geld verwaltest, weil du es ihm freiwillig zu Füßen legst.

Auf der anderen Seite beginnt der Islam mit dem Gesetz, dem Verhalten und dem Territorium. Einer seiner Grundwerte muss deshalb die erzwungene Übernahme der gesamten Gesellschaft sein. Die Festlegung des kulturellen Tons von oben nach unten durch Gesetzesänderungen (an die sich *alle* halten müssen) wird unweigerlich als notwendiges und wünschenswertes Ergebnis angesehen. Auf diese Weise wird ein Moralkodex durch Unterwerfung unter die herrschende religiöse Macht erzwungen. Niemand hat die Wahl – es wird diktiert und festgelegt, was die Führer für gerechte Gesetze halten, von denen sie glauben, dass sie der Nation die islamische Version des „Heils" bringen werden.

Das Christentum funktioniert umgekehrt zur hierarchischen religiösen Kontrolle des Islam. Weil jeder Mensch individuell auf die Einladung Christi reagiert, geht es nie um ein Gesetz, das ihm aufgedrängt wird, sondern um eine persönliche Herzensänderung. Aufgrund dieser Reaktion *entscheidet* er sich, geleitet vom Geist Jesu, für biblische Moral. Wenn wir zum Beispiel über Abtreibung sprechen, bedeutet das, dass jedes Anti-Abtreibungsgesetz obsolet würde, weil niemand es braucht.

Durch den Glauben an Jesus, nicht durch Gesetze, wird sich eine Welle von Menschen dafür entscheiden, den Mord an Unschuldigen abzulehnen und das Leben zu fördern. Letztendlich ist *das* ein Zeichen für eine „gerechte Nation" – dass sich ihre Gesetze mit der Zeit ändern können, weil sie aufgrund einer massiven Veränderung der Herzen unnötig werden.

Propheten bringen ein alternatives Narrativ

Du brauchst *auf jeden Fall* Lobbyisten in der politischen Arena, die für Gerechtigkeit eintreten, aber du musst auch die Verantwortung dafür übernehmen, die Gemeinde zu lehren, wie das Christentum (das Reich Gottes) tatsächlich funktioniert – was nicht nur bedeutet, dass du Einfluss ausübst, sondern auch, dass du ein alternatives Narrativ zu dem aufbaust, das wir im Moment haben.

Fallstudie: Teenagerschwangerschaft in Hawaii

Ich habe einmal gehört, wie Landa Cope, die brillante Wissenschaftlerin und Lehrerin bei JMEM, eine Geschichte aus Hawaii erzählte, die zeigt, wie komplex es ist, sich auf das Gesetz zu verlassen, um einen moralischen Wandel auf gesellschaftlicher Ebene herbeizuführen, und wie wichtig es ist, dass wir als Gemeinde ganzheitlicher vorgehen und uns nicht nur auf ein Thema konzentrieren.

Früher hatte Hawaii eine der höchsten Teenager-Schwangerschaftsraten in den Vereinigten Staaten – Hunderte davon. Mit einer konzertierten Kampagne konnte dieses Problem deutlich angegangen werden und die Schwangerschaftsrate bei Teenagern begann zu sinken. Es ist fast nicht zu glauben, aber die Zahl der Teenagerschwangerschaften konnte zwischen 1991 und 2020 um fast 80 Prozent gesenkt und die Zahl der Abtreibungen in Hawaii halbiert werden. Die Gesellschaft war jedoch schockiert, als man feststellte, dass die Rate des Kindesmissbrauchs in diesen Jahren um 300 Prozent anstieg. Cope bemerkte: „Es geht nicht nur darum, Babys zu retten – Babys könnten an Kindesmissbrauch sterben, wenn man nicht irgendwie die Kultur ändert, die Kultur der Gewalt, des Inzests (der weit verbreitet ist), der abwesenden Ehemänner, der machtlosen Frauen ..."

Versteh den Punkt, den Landa Cope macht, bitte nicht falsch. Die Verringerung von Teenagerschwangerschaften und Abtreibungen ist natürlich ermutigend, aber es könnte sein, dass wir eine ganze Menge anderer Probleme unter den Teppich kehren, wenn wir nicht auch eine andere Kultur vorleben und über kulturellen Wandel nachdenken, mehr als über politischen Wandel. Die Kultur der Gewalt, der abwesenden Väter und der entmachteten Mütter zu verändern, ist die Aufgabe einer Gemeinde, die versteht, wie man Herzen verändert.

Natürlich ist es eine gute Sache, eine Fahne zu haben, die du trägst, schwenkst und an der du arbeitest – mit anderen Worten, ein Thema zu haben, das dich antreibt und motiviert – aber verstehe es im Kontext der Heiligen Schrift. Wenn du es zum Beispiel schaffst, die Abtreibungsgesetze abzuschaffen, hast du dein Land nicht gerechter oder gottgefälliger gemacht, denn *du hast dabei kein einziges Herz verändert*. In Wirklichkeit könnte es sogar sein, dass du durch die Anwendung von Gesetzen zur Durchsetzung eines Themas lediglich eine Reihe von schrecklichen Problemen an einen anderen Ort verlagert hast – und damit genau den Teil der Gesellschaft, den du zu gewinnen hofftest, verärgert und für die Liebe Jesu Christi verschlossen hast.

Vielleicht sind wir glücklich, militante politische Lobbyisten zu sein, weil wir in die harte Hand der Herrschaft verliebt sind (die unser Imperium und unser territoriales Ego befriedigt) und an manchen Tagen auch in unsere Liebe zu Recht und Gerechtigkeit. Ist wütender Protest aus der Ferne einfacher geworden als die Mühe, verletzlich zu bleiben, was in den Gesprächen erforderlich ist, in denen wir Menschen dazu bewegen wollen, sich für Christus zu entscheiden? Wenn unsere Rechts- und und Gerechtigkeitsliebe gegenüber unseren Mitbürgern auf brutale Art und Weise zum Ausdruck kommt, wissen wir dann wirklich, was Recht und Gerechtigkeit sind? Machen wir die Menschen wütend, wenn wir nur für das bekannt sind, *wogegen* wir sind, anstatt sie mit den grenzenlosen Möglichkeiten der Verwandlung zu gewinnen, die im Reich Gottes zur Verfügung stehen?

Ich behaupte, wenn dir das ungeborene Kind wirklich etwas bedeutet, dann steht die Gesetzesänderung ganz weit unten auf deiner persönlichen Prioritätenliste. Sag mir nicht, dass dir das ungeborene Kind etwas bedeutet, wenn deine Stimmabgabe bei einer Wahl alles ist, was du dafür tust.

KAPITEL 10

Wie Gott die Nationen diszipliniert

Die Politik ist der Kultur immer nachgelagert.

Andrew Breitbart
US-amerikanischer konservativer Journalist

Unsere Kultur diktiert unsere Politik

Die Gemeinde ist ein Wegweiser zu Jesus und seinem Königreich. Sie stellt beispielhaft dar, was Familie ist und dass Familie als kulturelles Modell und Einflussfaktor erfolgreich ist. Sie zeigt auf, welche Art von Veränderung möglich ist – zum einen, von innen nach außen, und zum anderen, indem wir es durch unsere Gemeinschaften vorleben. Unser Ansatz sollte absolut überzeugend und gewinnend sein, eher revolutionär als zeitgemäß.

Die Kultur steht immer an erster Stelle. Die Kultur diktiert, was die Politik tut. Die Politik diktiert *niemals* die Kultur!

Politiker/innen gewinnen Stimmen, weil die Menschen es mögen, dass sie die kulturellen Werte widerspiegeln, die sie bereits leben. Politik ist ein Spiel, das hauptsächlich von Einzelpersonen gespielt wird, die gewählt werden wollen, indem sie die Rhetorik der Bevölkerung wiedergeben und sich so Stimmen sichern. Mit anderen Worten: Die Nationen bekommen die Führer, die sie verdienen. Kein Politiker hätte die Geschlechtergesetze geändert, wenn diese Kultur nicht schon vorhanden gewesen wäre und sich im Volk entwickelt hätte.

Es ist töricht zu glauben, dass wir mit unserer Stimmabgabe und den Gesetzen, die unsere Politikerinnen und Politiker machen, einer Nation zu Gerechtigkeit verhelfen können. Wenn wir uns mit der irrigen Annahme anfreunden, dass Nationen sich ändern, weil ihre Politik brillant ist, dann öffnen wir die Tür für eine gefährliche Version von Prophetie, die eher durch Politisierung als durch das Reich Gottes motiviert ist. Das Reich Gottes ist revolutionärer, als die westlichen Nationen es wahrhaben wollen!

Eine radikale Gemeinde, die die Revolution in ihren Knochen hat, wird ein Leben nach dem anderen und damit den „Gerechtigkeitsgrad" einer Nation beeinflussen. *Weder* bedeutet eine starke Politik eine starke Nation, noch bedeutet eine starke Politik eine rechtschaffene Nation.

Wie diszipliniert Gott Nationen?

Es gibt Zeiten, in denen Gott mit einem Volk im „Kurskorrekturmodus" ist. Er kann sich zum Beispiel mit ihrem Stolz auseinandersetzen oder sie die Folgen ihrer Sünde ausbaden lassen, damit sie vielleicht erneut nach ihm rufen. Wonach sollten wir als prophetische Menschen Ausschau halten?

- Gott lässt zu, dass unterdrückerische Herrscher zu Werkzeugen seines gerechten Zorns werden.
- In der Bibel kommen Regimes wie Rom, Babylon und Persien an die Macht, und er trainiert den gerechten Überrest inmitten von Bedrohung, Unterdrückung und Exil.
- Nach der Schrift geschieht es in Zeiten des Segens selten, dass ein rechtschaffener Überrest trainiert wird!

Und das ist auch in unserem *eigenen* Leben immer wieder der Fall. Wir lernen mehr durch unser Scheitern als durch unseren Erfolg. Wir lernen mehr durch Druck als durch Segen.

Das ganze Alte Testament hindurch sehen wir, dass, wenn Nationen in Israel einfallen und es bestrafen, sich Gottes Zorn daran ablesen lässt, welche Art von Regierung er an die Macht kommen lässt. Es geht ihm immer darum, eine bessere Gemeinde zu schaffen.

Gott lässt auch immer wieder korrupte Herrscher zu, um seine Ziele zu erreichen. Das bedeutet nicht, dass er sie gutheißt. Es bedeutet aber, dass er der König der Könige ist und alles Notwendige tun wird, um sein Volk zu erziehen.

Im Lauf der Geschichte der hebräischen Bibel sehen wir, dass Babylon in Jerusalem einfällt und es einnimmt, dass Persien in Babylon einfällt und es einnimmt, dass Griechenland in Persien einfällt und es einnimmt, und dann werden die Griechen im Buch Daniel überwältigt. Das drückt nicht aus, wer das bessere Volk ist, sondern zeigt nur, wie Gott Korrektur und das unerbittliche Streben seines Herzens, sein Volk wieder in die Abhängigkeit von ihm zu bringen, ausführt.

Wann immer eine Nation sich selbst „vergöttert", von ihrer eigenen Größe spricht – oder sich sogar selbst als großartig bezeichnet –, wann immer sie sich selbst überhöht oder ihre Macht missbraucht, wird Gott unliebsame Führer ins Land lassen, um ihr eine Lektion zu erteilen (oder er wird ihr die dominierende internationale Macht nehmen und anderen geben oder ihre Währung schwächen) und um seine Braut in dieser Nation aufzurütteln, damit sie sich bereitmacht. Deshalb ist es sehr wichtig zu wissen, dass du oft die Führer bekommst, die für das, was Gott gerade in deinem Land tut, richtig sind, und nicht die, von denen du glaubst, dass du sie vorziehen würdest.

Prophetinnen und Propheten, wen wir als Führer unseres Landes bekommen, hat wirklich *nichts* damit zu tun, dass unsere persönlichen Wünsche in Erfüllung gehen! Gott interessiert sich nicht in erster Linie für die Kosten für unseren Treibstoff, unsere Steuern oder was auch immer das politische oder wirtschaftliche Thema des Tages ist! Deshalb ist unsere erste Reaktion auf Regierungen nicht Wut. Vielmehr sollten wir Fragen stellen, wie:

- Wie können wir heute das Reich Gottes radikal ausbreiten, wenn die Mächtigen uns nicht positiv gesinnt sind und uns unterstützen?
- Wie können wir in eine christliche, biblische Reife hineinwachsen, wenn unsere Führer eine bedrückende Atmosphäre geschaffen haben?

- Wie können wir unter Verfolgung am besten wachsen?
- Haben wir die Fähigkeit verloren, Korrekturen anzunehmen und als christliche Gemeinde nach Reife zu streben?
- Haben wir einen Geist der Kritik bevorzugt, anstatt eine Haltung des Lernens zu pflegen, und deshalb verschlimmert sich unsere Unterdrückung?

Gott hat schon oft Situationen verschlimmert, bis er die gewünschten Ergebnisse erzielt hat – denke an die Plagen in Ägypten. Gott lässt es zu, dass Situationen uns frustrieren, damit wir gezwungen werden, etwas hervorzubringen, was er derzeit nicht in uns findet, und uns zu dehnen, bis wir das Reich Gottes werden.

Jesus Christus interessiert sich in erster Linie für den Zustand seiner Braut. Eine gesunde Braut bedeutet eine gesunde Nation. Wenn es einen politischen Führer gibt, den ich hasse, ist er oder sie vielleicht genau derjenige, der die Gemeinde in meinem Land dazu bringen wird, aufzuwachen und das Reich Gottes zu bauen! Gott kommt für eine makellose Braut, nicht für eine makellose Nation.

König Jesus heiratet seine Braut, dann zerstört er die Erde und baut sie wieder auf. Das Ende der Geschichte ist ein klares Zerschlagen der Nationen in Stücke, entsprechend Psalm 2. Das sollte uns klar machen, wenn es nicht schon der Fall ist, dass unsere Nationen nicht das Reich Gottes sind! Das Reich Gottes findet seinen vollen Ausdruck, sein volles Wirken durch die *Ekklesia*. Es findet seinen vollen Ausdruck nicht im politischen Prozess.

Die Nichtigkeit der Politik

Gottes Reich kann auf politischer Ebene niemals vollständig verwirklicht werden, da das politische System Teil des Weltsystems ist, das letztendlich zerstört werden wird. Sicherlich können – und sollten – Politik, Regierung und Ziviljustiz für das Gute eingesetzt werden, aber die Politik leitet weder die Wiederkunft Jesu Christi ein, noch ersetzt sie jemals die Verantwortung der Gemeinde, das Reich Gottes aufzubauen. Deshalb setzen wir unsere Hoffnung nicht auf die Politik und die Politiker.

Wir haben uns schuldig gemacht, von der Regierung oder der Politik zu erwarten, dass sie das Reich Gottes für uns bauen. Wenn uns dann Wahlen schockieren und nicht so ausgehen, wie wir uns wünschen, und wenn wir uns durch ein Ergebnis beraubt fühlen, wüten wir jahrelang, weil unser fehlerhaftes Maßsystem uns sagt, dass wir jetzt schlechter dastehen. Wir sagen: „Arme Gemeinde!"

Vielmehr sollte die Antwort immer lauten: „Dein Reich komme!" Denn das Licht leuchtet am hellsten an einem dunklen Ort. Die richtige Reaktion ist also: „Danke, Jesus, dass du keine Fehler machst und dass du *uns*, deinem Volk, die Verantwortung zurückgegeben hast, die wir an die Politik delegiert hatten."

Wenn die Dinge feindselig sind und sogar schrecklich gegen das Volk Gottes zu laufen scheinen, erheben wir ein Gebet der Stärke füreinander, des Schutzes über das Leben der anderen und der Dankbarkeit, dass Jesus die Gemeinde zurück in die Verantwortung zwingt – denn wir sollten anerkennen, dass es niemandes Aufgabe ist, Menschen zu Jesus zu führen, außer unsere.

Gebet

Schreibe neu auf mein Herz, Vater Gott. Hilf mir zu verstehen, was du für deine Gemeinde willst. Bewahre mich vor Annahmen und führe mich zu neuer Weisheit und Offenbarung. Ich bitte dich um die Gesinnung Christi, damit ich seine Gedanken denke und seine Wege erkenne. In Jesu Namen, Amen.

Den Nationen prophezeien

Hier sind einige wichtige Fragen, die du dir stellen solltest, bevor du über dein Land prophezeist. Frage Gott, wo dein Land in Bezug auf die folgenden Punkte steht:

- Ist es eine Zeit der Gerechtigkeit und des Gerichts, oder eine Zeit des Segens und der Freiheit?
- Bist du im Exil, wirst du entblößt und erschüttert?
- Befindest du dich in einer Zeit der Bestrafung?

- Wo ist Gottes Barmherzigkeit und Mitgefühl zu finden?
- Was sind die Bedingungen, die Gott an dein Handeln stellt, um seine Gegenwart zu sehen?
- Bist du überschüttet mit Segen und mit Wachstum und betrittst das Gelobte Land?
- Jesus, was ist die wichtigste Lektion, die du meinem Volk vermitteln willst?

In der Schrift werden die Völker in *vorexilische*, *exilische* und *nachexilische* Zeitalter eingeteilt. Deshalb sollten wir diese Art von Fragen über unser Land stellen. Ein Prophet oder eine Prophetin sollte immer wissen, wie Gott die Braut in diesem Land vorbereitet und was er von ihr in Bezug auf ihr Handeln verlangt.

Kapitel 11

Kulturelle Perspektiven

Wenn du dich nicht zuerst für das Reich Gottes entschieden hast, wird es am Ende keinen Unterschied machen, was du stattdessen gewählt hast.

William Law

Unsere Hinterhofperspektiven

Wie wir uns in der Welt um uns herum zurechtfinden und wie wir die Welt sehen, wird massiv von unserer Kultur beeinflusst.

Die Art und Weise, wie wir die Dinge sehen, hängt von unserer Lebenserfahrung, unserer Geografie, unserer Nation und unserem Platz in der Gesellschaft ab. Wie ich in der Einleitung beschrieben habe, vermittelte mir das feindselige politische Umfeld meiner Kindheit ein völlig verzerrtes Bild vom Katholizismus. Die protestantischen Gemeinden glaubten wirklich, dass ein Katholik niemals ein Christ sein kann. „Geh aus ihrer Mitte und trenne dich von ihnen!", lautete der biblische Satz, mit dem die Protestanten sicherstellen wollten, dass wir niemals mit Katholiken zusammenkamen.

Ebenso ist deine Erziehung für deine kulturelle und politische Indoktrination verantwortlich. Du musst wissen, dass es so etwas gibt. Zweifellos wird deine politische Meinung von deiner Erziehung beeinflusst worden sein.

Wir sehen durch eine „Hinterhofperspektive". Wir werden von unserer Kultur, der Kultur unseres eigenen Hinterhofs, geprägt, bevor wir überhaupt daran denken, sie zu hinterfragen.

Das wird auch dir nicht entgangen sein. Ja, sogar dir! Deshalb brauchen wir Menschen aus anderen Kulturen und Nationen, die sich mit uns darüber unterhalten, wie sie unsere kulturellen Normen und Ideologien mit ihren Augen von außen sehen. Jesus wird „Unrecht wieder gut machen", und zwar auf eine Weise, die ich nicht verstehe, weil ich voreingenommen und parteiisch bin. Ich glaube, dass wir aufgrund unserer persönlichen Vorurteile in Gefahr sind, Jesu Handeln in unserer Mitte zu verpassen.

Die große Gefahr dabei ist, dass wir Gott so sehen, wie *wir* sind. Gott wird durch unsere Nicht-Objektivität betrachtet.

Die Bibel drückt aus, dass wir nur schwach sehen:

> *Als ich ein Kind war, sprach ich wie ein Kind, dachte wie ein Kind, urteilte wie ein Kind. Als ich ein Mann geworden war, hatte ich das Kindliche abgelegt. Jetzt sehen wir (Gott) andeutungsweise in einem Spiegel, dann aber von Angesicht zu Angesicht. Jetzt erkenne ich aus Bruchstücken, dann aber werde ich klar erkennen, wie auch ich klar erkannt werde. Nun bleiben aber Glaube, Hoffnung, Liebe, diese drei. Das größere von ihnen ist aber die Liebe* (1. Korinther 13,11-12).

Wir müssen ehrlich sein und akzeptieren, dass etwas in uns getrübt ist und wir zu phantasievollem Unsinn neigen – was im Grunde genommen Götzendienst ist. Die Notwendigkeit, unser eigenes Herz immer wieder zu prüfen und das Schwert des Herrn zu benutzen, um zwischen der biblischen Realität und dem kulturellen Götzendienst zu unterscheiden, muss für uns zu einem Lebensstil werden. Jesus ist nicht so wie wir an unserem besten Tag. Er ist nicht wir, herausgeputzt!

Diejenigen von uns, die Propheten und Leiter sind, müssen sich besonders und rigoros die Hände auf die eigenen Augen legen und darum bitten, dass verzerrte Sichtweisen weggebrannt werden. Es ist eine gute geistliche Übung, als Teil einer Umkehr im Gebet, sich in einem prophetischen Akt von kulturellen Scheuklappen zu befreien. Warum tust du es nicht gleich jetzt?

Gebet

[Lege deine Hände auf deine Augen]
Vater Gott, du bist heilig. Du bist hoch über allen Dingen, und ich erhebe dich.
Sei mir gnädig, denn deine Gedanken waren nicht meine Gedanken, und deine Wege waren nicht meine Wege.
Vergib mir meine Ideologien, die nicht von dir sind. Ich bereue meine kulturellen Ansichten, die mich geblendet, verzerrt, verdunkelt oder überschattet haben, was du mir sagen oder durch mein Leben tun wolltest.
Ich nehme meine kulturellen Scheuklappen wieder ab, damit ich klarer sehen kann.
Ich befreie meine Ohren von meiner eigenen Politik, meinen Vorurteilen, Meinungen und Dogmen.
Möge ich ein gereinigtes Gefäß sein und dich besser hören, um derer willen, zu denen du mich berufen hast.
Heiliger Geist, hilf mir, mehr wie Jesus Christus zu sein.
Sprich, Herr, ich höre. Amen.

Unsere kulturellen Werte

Die Götzen der „Ismen"

Ideologien sind überall in der Kultur um uns herum, und du und ich halten mindestens zu einer davon – aber wahrscheinlich zu vielen –, ob wir uns dessen bewusst sind oder nicht. Es sind die Ideen, Überzeugungen oder Philosophien, die uns (und den Menschen, die uns wichtig sind) am Herzen liegen. Eine Ideologie ist manchmal leicht zu erkennen, weil sie (normalerweise) mit „-ismus" endet. In der Welt der Politik und Wirtschaft hast du vielleicht schon von Ideologien, wie Kapitalismus, Sozialismus, Konservatismus, Libertarismus, Individualismus, Kollektivismus, Nationalismus und Globalismus gehört. Obwohl viele dieser Ideen miteinander konkurrieren, überschneiden sie sich manchmal und du kennst in deinem weiteren Freundeskreis wahrscheinlich

Menschen, die mindestens einem dieser Ideale anhängen. Natürlich gab es in unserer Geschichte noch extremere politische Ideologien, die heute (zumindest im Westen) selten sind: Kommunismus, Faschismus, Nazismus.

Aber Ideologien sind nicht nur politisch. Sie können auch moralisch sein: Rassismus, moralischer Liberalismus, Progressivismus, Fundamentalismus, Feminismus und Environmentalismus[1] sind nur einige Beispiele aus der Gesellschaft. Und auch in unserem religiösen Leben gibt es eine Reihe von Ideologien, wie zum Beispiel Protestantismus, römischer Katholizismus, Pentekostalismus (Pfingstbewegung), Presbyterianismus, Komplementarismus, Egalitarismus oder Prämillennialismus – um nur einige zu nennen!

Alle Ideologien haben ihre eigene Sotierologie (Erlösungsgeschichte) und Eschatologie (Endziel). Mit anderen Worten: Wir glauben, dass unsere bestimmte Ideologie einen Weg hat, uns alle zu retten, und eine endgültige Vision, wie die Welt aussehen wird. Die Anhänger der einen oder anderen Ideologie sind besessen von der Verfolgung eines utopischen Endziels, und so „heiligt der Zweck die Mittel". Aus diesem Grund hat die Welt einige schreckliche Konsequenzen erlebt, wenn Völker und Mächte unerbittlich ihre bevorzugte Ideologie verfolgt haben. Ein politischer Philosoph brachte diese Gefahr auf den Punkt: „Die entscheidende Frage ist also nicht, ob der Staat gerecht handelt, sondern ob er so handelt, dass er irgendwann Gerechtigkeit erreicht. Bei letzterem Ansatz wird Gerechtigkeit zu einem Ideal, das irgendwo in der Zukunft liegt, und alles, was man im Hier und Jetzt tut, ist zulässig, wenn es der Erreichung dieses Ziels dient."

Jede Ideologie, die sich letzten Endes nicht der guten Nachricht vom Reich Jesu Christi unterordnet, ist eine falsche Hoffnung und kann für uns sehr schnell zum Götzen werden. Wir

[1] Negation des Einflusses erblicher bzw. angeborener Faktoren auf das Verhalten, die in der Behauptung von J. B. Watson (Behaviorismus) gipfelte, er könne jedes nach Zufall ausgewählte Kind in einer entsprechenden Umwelt zu allem aufziehen – zum Arzt, zum Künstler, Geschäftsmann, Kriminellen, ohne Rücksicht auf Begabungen, Neigung. Quelle: http://www.psychology48.com/deu/d/environmentalismus/environmentalismus.htm (Zugriff am 6.9.2024)

sollten sehr vorsichtig sein, wenn wir uns für einen bestimmten „Ismus" gegenüber einem anderen begeistern! Alle Ideologien bleiben hinter der vollen Herrlichkeit Gottes zurück.

Werte sind rund um den Globus sehr unterschiedlich. Der Westen ist zum Beispiel besessen von der Macht und den Rechten des Einzelnen, aber der globale Süden und Asien haben eher einen kommunitären als einen libertären Ansatz. Manche Nationen und Kulturen legen mehr Wert auf Ehre und Respekt als andere. Unsere Politik spiegelt diese kulturellen Normen wider.

Wir sind alle in irgendeiner Form indoktriniert, deshalb wird das Lesen der Bibel von vorne bis hinten und in großen Stücken die Prioritäten des Reiches Gottes in uns formen und reformieren. Wären wir biblisch wissbegieriger und offener für Herausforderungen, wären wir nicht so schockiert über unseren Gott und darüber, was er in unserem Leben und in unserem Land zugelassen hat. Gott ist unglaublich zufrieden mit unserem tiefen Gefühl des Unbehagens – weil sein Wertesystem nicht das unsere ist.

Wir neigen dazu, an die Heilige Schrift so heranzugehen, dass wir Verse aus dem Zusammenhang reißen. Man kann die Schrift fast alles Mögliche sagen lassen, wenn man nicht den gesamten Handlungsbogen im Kontext verfolgt.

Aber die Notwendigkeit, so zu denken, wie Gott denkt, und so zu fühlen, wie Gott fühlt, ist unabdingbar. Sich mehr an Gott als an unserer politischen Meinung zu orientieren, ist der notwendige Weg von heute. Wir sind in erster Linie Bürgerinnen und Bürger des Reiches Gottes, bevor wir Kanadier, Briten oder Amerikaner sind.

> *Ihr aber seid ein auserwähltes Geschlecht, eine Priesterschaft von Königen, ein heiliges Volk, ein erworbenes Volk, damit ihr die guten Eigenschaften dessen weitererzählt, der euch aus der Finsternis gerufen hat in sein wunderbares Licht* (1. Petrus 2,9).

Du gehörst zum Volk Gottes, bevor du etwas anderes bist. Du folgst nicht nur dem Erlöser, sondern dem König! Du bist jetzt Teil einer Zivilisation, die vom allmächtigen Gott selbst angeführt und geleitet wird.

Deshalb hast du mit einem Christen, der in Asien lebt, mehr gemeinsam als mit einem Nichtgläubigen, der im Haus neben dir wohnt. Wir als Nachfolgerinnen und Nachfolger Christi sind gemeinsam die Familie Gottes, das Reich Gottes, das daran arbeitet, Leben zu verändern.

Das hinterfragt unsere rassistischen Tendenzen, denn wir alle haben Nationen, die wir anderen vorziehen. Doch die Nation, die du am wenigsten magst, *wird* christliche Familienmitglieder haben, die dir näherstehen sollten als deine nichtchristlichen Arbeitskollegen, da sie Werte und eine Kultur mit dir gemeinsam haben, die weitaus besser sind als alles, was die Welt bietet! Wir dürfen sie nicht verleumden, da wir alle in Gemeinschaft mit Gott stehen.

Das Evangelium des Reiches

In den letzten Jahrzehnten sind wir eher in das begrenzte „Evangelium der Errettung" hineingeschlittert als in das vollständige „Evangelium des Reiches Gottes", was dazu geführt hat, dass es für uns ein schwieriger Prozess war, uns allem zu unterwerfen, was uns nicht gefällt.

Das Evangelium der Errettung ist eine gut gemeinte, aber fehlgeleitete halbe Geschichte. Es bedeutet, dass du zu Jesus gekommen bist wegen des Himmels (d. h., um in den Himmel zu kommen, wenn du stirbst), und nicht, um das Reich Gottes zu erleben. Das Evangelium vom Reich Gottes ist ein Skandal! Wir müssen unser Verständnis des Unterschieds zwischen dem „Evangelium der Errettung", bei dem wir Jesus zu unserem persönlichen Retter machen, und dem Evangelium des Reiches Gottes, bei dem wir uns ihm als dem Herrscher über alles unterwerfen, wiederherstellen.

Ja, natürlich ist Jesus unser Erretter, aber er ist auch der Herr und der König der Könige. Das Evangelium vom Reich Gottes dreht sich deshalb nicht darum, Jesus zum Herrn deines Lebens zu machen. Er ist bereits der gekrönte Herrscher über Himmel und Erde. Es geht also nicht darum, Jesus zum Herrn zu machen – er ist bereits der Herr!

Deshalb geht es bei unserer Errettung darum, dass du und ich uns seiner bereits etablierten Herrschaft unterwerfen. Bei der Errettung sollte es nie nur um ein individualistisch gedachtes „Jesus, ich lasse dich in mein Herz, damit du dich um mich kümmerst, und dann kannst du Stück für Stück den Thron meines Lebens haben“ gehen. Vielmehr heißt es: „Jesus, ich ergebe mich völlig deiner universellen Herrschaft!“ Natürlich rettet er uns individuell und wird im Geist eins mit uns (s. 1. Korinther 6,17), wenn wir Buße tun, glauben und ihn als Herrn anerkennen ... aber es ist so viel mehr als nur ein „Errettungshandel“!

Wenn du das getan hast, hast du nicht nur einen persönlichen Erretter empfangen, sondern dich entschieden, einem König zu folgen – einem König mit einer heiligen Nation und einer Regierung (Ekklesia), zu der du jetzt gehörst und der du vor allem anderen unterstellt bist. Deshalb ist es gefährlich, einem Land oder etwas anderem die Treue zu schwören oder starke, irdische, nationalistische Tendenzen zu haben, die den höchsten Platz, den das Reich Gottes in deinem Herzen haben sollte, verdrängen.

Wenn du dir absolut sicher bist, dass dein Herz dies verstanden hat – dann, und nur dann, denke ich, bist du berechtigt, prophetisch in die Politik hineinzusprechen, vorher nicht.

Kapitel 12

Auf wessen Seite steht Gott?

„Sir, meine Sorge ist nicht, ob Gott auf unserer Seite ist; meine größte Sorge ist es, auf Gottes Seite zu sein, denn Gott hat immer recht."

Abraham Lincoln (1809–1865), US-Präsident

Es ist völlig schockierend, dass die Bibel keine bestimmte Form der organisierten Regierung befürwortet. Sie sagt weder, dass eine Monarchie am besten ist, noch eine Diktatur oder eine Republik. Auch wenn wir persönliche Vorlieben haben, so ist es doch eine Tatsache, dass verschiedene Arten der menschlichen Regierung Gottes Absicht für die Erde ermöglichen können. Vergessen wir nicht, dass Gott ein Spezialist darin ist, Ordnung aus dem Chaos zu schaffen. Wir werden froh sein, dass die Zustände in einigen Nationen nicht die unseren sind.

Gott ist nicht einmal unbedingt für die Demokratie. Gott kann seinen Kandidaten sogar auf dem Rücken von Korruption und Betrug ins Amt bringen!

Die Herrschaftssysteme der Menschen

Menschliche Herrschaftsformen sind leicht an der Endung „archie" oder „kratie" zu erkennen. Zum Beispiel Monarchie (Herrschaft eines Monarchen, einer einzelnen Person), Aristokratie (Herrschaft der höheren Klasse), Demokratie (Herrschaft des Volkes), Oligarchie (Herrschaft einiger weniger) oder Theokratie (Herrschaft religiöser Führer).

Einige Regierungssysteme sind stark autoritär (wie die Volksrepublik China – ein Staat, der von einer einzigen Partei regiert wird), und wenn eine Regierung ihre Herrschaft so weit ausdehnt, dass sie den Menschen tägliche Aufgaben und Regeln vorschreibt, spricht man von einer totalitären Regierung (z. B. Nordkorea). Die Islamische Republik Iran ist ein Beispiel für eine Theokratie (regiert von religiösen Führern).

Für diejenigen von uns, die in sogenannten Demokratien leben, wie z. B. dem Vereinigten Königreich (parlamentarische Demokratie) oder den USA (Republik) kann es leicht sein, anzunehmen, unsere Modelle seien wirklich repräsentativ und daher irgendwie „perfekt". Aber das ist naiv, man bedenke zum Beispiel die riesigen Geldsummen, die für politische Kampagnen und Lobbyarbeit ausgegeben werden. Zu behaupten, unser politisches System sei frei von Korruption, ist illusorisch!

Jedenfalls sind die Orte, an denen sich das Reich Gottes am schnellsten und dramatischsten auszubreiten scheint, die Nationen, in denen es Verfolgung und Wirtschaftskrisen gibt; es gibt also keinen Zusammenhang zwischen Demokratie und Errettung!

Römer 13 ist eine sehr wichtige Bibelstelle. Es lohnt sich, einen großen Teil des Kapitels zu zitieren:

Jeder Mensch soll sich vorgesetzten staatlichen Autoritäten unterordnen! Es gibt nämlich keine staatliche Autorität, außer von Gott. Die, die es gibt, sind von Gott angeordnet. Wer sich gegen die staatliche Autorität stellt, widersetzt sich daher der Anordnung Gottes. Alle, die sich widersetzen, werden sich eine Bestrafung zuziehen. Die Obersten sind ja kein Grund zum Fürchten für die gute Tat, sondern für die schlimme. Du willst dich vor der staatlichen Autorität nicht fürchten? Tu das Gute, und du wirst Lob von ihr haben. Sie ist nämlich Gottes Dienerin für dich auf das Gute hin. Wenn du aber das Üble tust, dann hab Furcht! Sie trägt das Schwert nicht ohne Grund. Gottes Dienerin ist sie, die wegen (seines) Zornes die Strafe vollzieht an dem, der das Üble tut. Deshalb ist es notwendig, sich unterzuordnen, nicht nur wegen des Zornes, sondern auch wegen des Gewissens. Deswegen zahlt ihr ja auch Steuern, denn sie sind Diener Gottes, die an ihrer

Sache festhalten. Gebt allen, was ihr schuldig seid: wem die Steuer gehört, die Steuer, wem der Zoll gehört, den Zoll, wem die Achtung gehört, die Achtung, wem die Ehre gehört, die Ehre! (Römer 13,1-7).

Paulus macht sehr deutlich, dass wir die Regierungsstruktur und die Regierungsverantwortlichen ehren müssen, egal in welchem Land wir uns befinden. Wenn du das politische System wirksam einsetzen kannst, dann tue es auf jeden Fall, aber halte dich dabei an die Werte des Reiches Gottes.

Auf welcher Seite? Auf keiner!

Josua 5 beschreibt eine wunderbare Begegnung zwischen Josua und einem Mann mit einem gezogenen Schwert:

> *... Da ging Josua auf ihn zu und sagte zu ihm: Gehörst du zu uns oder zu unseren Feinden? Und er sprach: Nein, sondern ich bin der Oberste des Heeres des HERRN; gerade jetzt bin ich gekommen. Da fiel Josua auf sein Angesicht zur Erde und huldigte ihm und sagte zu ihm: Was redet mein Herr zu seinem Knecht?*
> (Josua 5,13-14).

Als Josua dem Engel des Herrn begegnet, lautet seine erste Frage: „Auf wessen Seite stehst du?" Die Antwort lautet: „Auf keiner!" Gott ist nur auf Gottes Seite. Wir versagen biblisch gesehen, wenn wir Gott einer Seite oder einer politischen Partei zuordnen, denn das bedeutet, dass wir die Gerechtigkeit einer politischen Partei zuordnen. Politische Parteien sind nicht die *Ekklesia;* sie sind Teil des Weltsystems und ganz sicher *nicht* die Gerechtigkeit Gottes.

Wir sollen nicht trotzig links oder rechts sein. Ebenso nicht libertär[1] gegen kommunitär[2]. Wir sollen Vertreter der Regierung

---

[1] Der Libertarismus (...) ist eine politische Philosophie und Bewegung, die in der individuellen Freiheit den höchsten politischen Wert sieht (Wikipedia, 12.09.2024).

Gottes sein. Gott akzeptiert deine Vorlieben, aber nicht deine Vorurteile.

Propheten und politische Loyalitäten

Mein persönlicher Wunsch wäre es, dass alle Prophetinnen und Propheten, die eine leitende Funktion haben, keine parteipolitische Zugehörigkeit haben und ihre Vorlieben nicht zu erkennen geben, damit Gott Sprecherinnen und Sprecher hat, die sich nur an dem orientieren, was *er* sagt und wie *er* will, dass sein Wille weitergegeben wird. Als Propheten führen wir die Menschen nicht zu dem, was *wir* wollen, sondern zu dem, was Gott will. Hirten sprechen im Namen der Menschen, aber Propheten sprechen im Namen Gottes.

Gott kann und wird uns manchmal erschrecken, wenn er uns bittet, ein Volk auf ein Ergebnis vorzubereiten, das diesem nicht gefallen wird. Ich habe beobachtet, dass dies eine fast unmögliche Aufgabe ist, wenn du ständig deine eigenen Vorlieben vertrittst und dich darauf versteifst, wie Gott in deinem Land handeln *sollte*. Du sollst nicht einmal neutral sein – du sollst mit Nachdruck auf der Seite des Königs stehen, wie auch immer das zu bestimmten Zeiten aussehen mag!

Liegt deine Berufung im politischen Bereich, sollte das begrüßt und unterstützt werden: Versammle die Fürbitter um dich, während du die Lote der Wahrheit hältst, aber prophezeie nicht aus deiner Zugehörigkeit zu einer Partei heraus. Mache aus deinem Kommentieren, deinem Expertenwissen und deiner Fürbitte kein prophetisches Wort, das den Menschen und dem Ruf der Stimme Gottes irreparablen Schaden zufügt.

---

[2] Unter Kommunitarismus (…) versteht man eine politische Philosophie, die die Verantwortung des Individuums gegenüber seiner Umgebung und die soziale Rolle der Familie betont (Wikipedia, 12.09.2024).

Die Auswirkungen kultureller und politischer Vorurteile

Unsere kulturelle und politische Voreingenommenheit wirkt sich in nichts Geringerem aus als in der Politisierung unseres Glaubens und der Behinderung der Vorwärtsbewegung der Gemeinde. In Ländern, in denen wir eine Staatskirche haben, hat sich die Gemeinde dem Tod und den Systemen dieser Welt unterworfen. Die Staatskirchen haben Partnerschaftsabkommen mit den Reichen dieser Welt geschlossen, und letztlich werden diese Kirchen immer kleiner, während sie immer mehr zu Kanälen für den Tod der Wahrheit werden. Ein Haus mit zwei Orientierungen kann nicht bestehen.

Viele finden die heutige Zeit herausfordernd, weil sie von der Kirche/Gemeinde nicht gerade begeistert sind. Wir haben uns massiv schuldig gemacht, dass wir die Reformation aufgeschoben haben, dabei sollten wir als Volk Gottes in *ständiger* Reformation sein. Aber wenn du nicht über deine eigene, menschengemachte Voreingenommenheit hinausblicken kannst, geht jeglicher göttliche Mut verloren und damit auch die Fähigkeit zur Veränderung. Wir sind eingeengt, gefangen in den Grenzen der Welt, weil wir den Erfolgsmaßstäben der Welt zugestimmt haben und nicht den Erfolgsmaßstäben des Reiches Gottes. Wir sind auf weltlichen Erfolg eingestellt, nicht auf den Erfolg des Reiches Gottes, und die Möglichkeiten des grenzenlosen Reiches Gottes sind für uns nicht vorhanden!

Reduktionismus – also die Reduzierung unserer Überzeugungen auf kleine, vertretbare Ideale, Sprüche, die nicht die ganze Wahrheit umfassen, und dass wir Bibelverse nur teilweise zitieren, um unsere Position zu untermauern – ist nicht das richtige Modell. Letztlich zerstört eine politische Voreingenommenheit Beziehungen, weil sie von uns verlangt, eine kleine Version einer noch ungeklärten Wahrheit zu verteidigen. Das macht uns defensiv. Defensive Menschen machen sich Feinde. Defensive *Nationen* machen sich Feinde!

Und so, Leute des Reiches Gottes, müssen wir unsere kulturelle und politische Voreingenommenheit und unsere ererbte Rechtgläubigkeit hinterfragen und dürfen nicht in bestimmten

Jahrzehnten stecken bleiben und unsere Nostalgie über die Vergangenheit oder bestimmte „Halbwahrheiten" als Waffe benutzen. Selbst in der Ewigkeit werden wir immer wieder etwas Neues über Gott lernen! Aber im Moment sind wir arrogant genug, um zu glauben, wir hätten die Wahrheit verstanden, was so ist, als würden wir sagen: „Ich habe Gott vollständig begriffen." Ein begriffener oder verstandener Gott ist gar keiner.

Gespräche führen

Ein wichtiger Teil der hebräischen Tradition ist der Gedanke, dass Gott einem scheinbar unbedeutenden Menschen eine wichtige, neue Erkenntnis darüber zutraut, wie die Heilige Schrift auszulegen und anzuwenden ist. Deshalb hat das jüdische Volk den Diskussionen über die Wahrheit immer einen hohen Stellenwert eingeräumt. In der Gemeinde haben wir diese Kunst verloren und bevorzugen unsere argumentative Verteidigungshaltung. Wir haben das Konzept des „Schärfens" über Bord geworfen – über parteipolitische Grenzen, konfessionelle Grenzen und erst recht über internationale Grenzen hinweg. Aber defensive Menschen können mit Offenbarung nicht gut umgehen, denn bei Offenbarung geht es hauptsächlich um Veränderung und Wandel. Wahre Offenbarung will dir selten sagen: „Du brauchst dich nicht zu ändern!"

Propheten, wenn ihr die Fähigkeit verliert, geschärft zu werden, seid ihr in einer sehr gefährlichen Lage. Wenn ihr nur verwässerte, zu stark bearbeitete Offenbarungen geben wollt oder gebt, raubt ihr dem Leib Christi die Fähigkeit, mit dem, was Gott tut, Schritt zu halten. Ihr hindert sie daran, das Vaterherz Gottes kennenzulernen und zu verstehen, das immer zum Wohl derer wirkt, die ihn lieben – auch wenn das in einem bestimmten Moment schwierig ist.

KAPITEL 13

Was sollen wir jetzt tun?

Die Zukunft passiert nicht einfach so. Wir gestalten sie, und wir gestalten sie ständig.

Hannah Fry

Ich glaube an die Balance zwischen Träumen und Bauen.

Neri Oxman

Die Bibel ermutigt uns reichlich dazu, das Reich Gottes zu bauen und auch die Reiche dieser Welt zu beeinflussen. Obwohl sie direkt miteinander verbunden sind, haben sie unterschiedliche Schwerpunkte. Bist du ein Baumeister des Reiches Gottes oder ein Beeinflusser der Weltsysteme?

Wie viel Einfluss kann ich haben?

Das alttestamentliche Modell der Transformation basiert auf der Frage: „Wie viel Einfluss kann ich haben?" Die führenden Köpfe hierbei sind Esther, Daniel und Josef. Die allgemeine Marschrichtung für diese Transformierer ist es, so hoch wie möglich aufzusteigen, um die Kultur zu prägen und zu beeinflussen.

Als Volk Gottes scheint dies fast unsere einzige Vorstellung zu sein, wie sich die Gesellschaft verändern kann, aber sie ist *sehr* begrenzt! Wir sind inzwischen absolut davon getrieben, hoch aufzusteigen und der Macht nahe zu kommen – und ganz sicher prägt dieses Konzept, ein Einflussnehmer (Influencer) zu sein, massiv unsere Jugend.

Das ist genau die Vorstellung, die hinter der Beeinflussung der verschiedenen Bereiche der Gesellschaft steht. Man versucht, dass hochrangige Experten nach Hollywood gehen oder in die Wirtschaft oder ins Bildungswesen und so weiter – bis es in jedem Bereich des nationalen Lebens einen Gläubigen gibt, der an oder nahe der Spitze steht und die Wahrheit bringt. Das ist berechtigt, aber es ist nur ein Teil des biblischen Bildes.

Was kann ich bauen?

Das neutestamentliche Modell ist ganz anders und basiert auf der Frage: „Was kann ich bauen?" Hier geht es in erster Linie darum, das Leben des Einzelnen zu transformieren, denn das Reich Gottes wird in den Menschen gebaut.

> *Als er aber von den Pharisäern gefragt wurde: Wann kommt das Reich Gottes?, antwortete er ihnen und sprach: Das Reich Gottes kommt nicht mit äußeren Zeichen; man wird auch nicht sagen: Siehe, hier!, oder: Da! Denn sehet, das Reich Gottes ist mitten unter euch*[1] (Lukas 17,20-21 LUT).

„Mitten unter euch" bzw. *„inwendig in euch"* bedeutet, dass das Himmelreich mitten in dir ist und aus dir herausfließen wird, wenn du dich vom Heiligen Geist leiten lässt.

Das Reich Gottes fließt aus dir heraus, wenn du dich mit dem König verbindest – mit seinem Geist, seiner Wirklichkeit, seiner Dimension, seinen Werten und seinen Prioritäten. Das Reich Gottes ist eine geistliche Wirklichkeit oder Domäne, es ist *kein* Ort, keine Geografie und auch keine Nation. Deshalb strebt ein Reich-Gottes-Bauer auch nicht nach der Herrschaft oder Kontrolle eines anderen Reiches, sondern er hat einen tiefen Einblick in geistliche Dimensionen und eine innige Verbindung mit dem

---

[1] Anmerkung der Lutherbibel: „Luther übersetzte: ‚das Reich Gottes ist inwendig in euch.'"

König, der zwar individuell empfangen wird, dessen Werte jedoch von uns allen, die wir glauben, geteilt werden.

Das Neue Testament entfaltet die Vorstellung eines Weltsystems, das gerichtet werden wird, und wiederholt immer wieder die Prophetie vom Fall Babylons als Metapher für die Reiche dieser Welt. Das Weltsystem ist nicht von Dauer, und die Reiche dieser Welt werden mit der Zeit ersetzt werden. Bildung, Politik, Wirtschaft, Unterhaltung und so weiter sind Teil der Reiche dieser Welt. Das Neue Testament fordert aber dazu auf, das Reich Gottes zu bauen (das ist der Kern des Gebets des Herrn, denn *„Dein* Reich komme" bezieht sich nicht nur auf das zukünftige Datum der Wiederkunft Jesu, sondern ist ein Gebet für das Hier und Jetzt) und Systeme zu schaffen, in die Menschen überwechseln können und die die Welt beeinflussen und mit ihr interagieren.

Du sollst etwas aufbauen, das das Weltsystem evakuiert – ja, du lässt einige da, um weiterhin Einfluss in der Welt auszuüben, aber im Großen und Ganzen bauen wir das Reich Gottes außerhalb des Weltsystems. Deshalb klingt das Reich Gottes für die Führer der Welt verräterisch und ist für alle anderen Mächte gefährlich.

„Ich werde meine Gemeinde bauen", die große Aussage Jesu in Matthäus 16, setzt einen neuen Ton. Paulus hat das verstanden und nennt sich in 1. Korinther 3 „Architekt":

> *Entsprechend der mir von Gott gegebenen Gnadengabe habe ich als weiser Architekt ein Fundament gelegt, ein anderer baut darauf auf … Wenn jemandes Werk bleibt, das er aufgebaut hat, wird er Lohn bekommen* (1. Korinther 3,10,14).

Wir bauen zum Beispiel ein Bildungssystem auf, das nicht ausschließlich dem Volk Gottes vorbehalten ist, sondern als Standard für die beste Bildung gilt und allen offensteht. In Großbritannien hatten wir damit angefangen und dann die Schulen der Regierung zurückgegeben, damit diese sie betreibt – wir haben das Bildungswesen dummerweise einem dämonisch verwurzelten System zurückgegeben. Aber wir sind immer noch der Meinung, es sollte auf uns hören und nach unserem biblischen Moralkodex geführt werden, z. B. mit Bibellesen im Klassenzimmer, und sind überrascht, wenn das abgelehnt wird!

Wir sollten Fernsehstudios besitzen und bauen, die gesunde, moralisch saubere Geschichten erzählen. Wir sollten die neuen Bankensysteme aufbauen, um das Bankensystem der Welt zu entvölkern. Wir nutzen unsere Energie, um *zuerst* die Herzen und dann die Strukturen aufzubauen.

Einige sind berufen, Einfluss zu nehmen

Einige *sind* dazu berufen, Einfluss zu nehmen – was in erster Linie ein Abbauauftrag ist – um die Weltsysteme durch ihre Nähe niederzureißen. Das erfordert eine treue Präsenz, denn wenn du nicht mehr Salz und Licht im Weltsystem bist, wird es sehr schnell wieder zu seinen dämonischen Wurzeln zurückkehren. Schließlich wurde es auf einem Fundament zu Ehren Satans errichtet (deshalb konnte Satan es Jesus bei seiner Versuchung anbieten).

Es besteht die Gefahr, sich zu sehr auf Einfluss zu konzentrieren, und die Folgen davon haben wir in der Politik der letzten Jahre gesehen. Weil wir, die Gemeinde, mehr auf Einfluss als auf Aufbau eingestellt waren, konnten wir mit der Vorstellung nicht umgehen, dass eine nichtchristliche Regierung eine Machtposition innehaben und das irgendwie noch in Ordnung sein könnte. Wir gerieten in Panik und haben uns mit Angst und Misstrauen verbunden.

Auch wir Propheten waren so sehr darauf eingestellt, Einfluss in der Regierung zu haben („Einfluss von oben nach unten ist der einzige Weg, eine Nation zu verändern"), dass wir uns nicht vorstellen konnten, so zu prophezeien, wie Gott es wollte. Deshalb sahen wir uns gezwungen, (fälschlicherweise) zu prophezeien, dass die Christen die höchsten politischen Ämter in der Nation *besetzen* würden – oder *müssten!*

Eines Tages werden die Systeme der Welt – Babylon – enden. Sie werden durch die Hand Jesu Christi zerstört werden, und sein unerschütterliches Reich wird sie vollständig ersetzen. Gott hasst die Systeme der Welt leidenschaftlich, weil sie die Menschen von seinem Sohn fernhalten.

Authentisches Bauen des Reiches Gottes

Ich lade dich ein, herauszufinden, ob du in erster Linie ein Erbauer oder ein Beeinflusser bist. Es gibt eine Gnade zu bauen, die wir meiner Meinung nach noch nicht voll ausgeschöpft haben. In der Gemeinde haben wir die Gnade des Bauens genutzt, um entweder Imperien oder Megagemeinden zu bauen. Dabei haben wir uns mehr für Einfluss interessiert und die biblische Zielstrebigkeit verloren, Strukturen für das Reich Gottes zu schaffen. In der Politik und in den Regierungen haben wir den Mantel des Bauens gegen eine Wahlstimme getauscht und geglaubt, dass eine Stimme an einem Tag genauso gesegnet würde, als würden wir tatsächlich Verantwortung für unser Land übernehmen.

Gebet

Herr Jesus, du bist mein König. Mögen wir dein Reich, deine Art zu regieren und zu wirken, mehr lieben als alles andere in den Systemen dieser Welt.

Kapitel 14

Wie gibst du deine Stimme ab?

Die einzige Freiheit, die diesen Namen verdient, ist die, unser eigenes Wohl auf unsere eigene Weise zu verfolgen.

John Stuart Mill, 1806–1873
englischer Philosoph und Wirtschaftswissenschaftler

Niemand von uns lebt doch für sich selbst, niemand stirbt für sich selbst. Wenn wir leben, leben wir für den Herrn, und wenn wir sterben, sterben wir für den Herrn. Egal, ob wir leben oder sterben, wir gehören dem Herrn.

Paulus in Römer 14,7-8

Höre auf den Heiligen Geist

Wenn wir bei Kommunal- oder Nationalwahlen zur Wahlurne gehen und das Wahllokal besuchen, sollten wir der Versuchung widerstehen, uns von unseren vorgefassten Meinungen und Annahmen leiten zu lassen. Sprich stattdessen mit Gott über deine Präferenzen und frage ihn, welchen Kandidaten du unterstützen sollst. Und sei offen dafür, dass dir die Antwort nicht gefällt! Du verstehst vielleicht nicht, was Gott tut, aber als Untertan des Königs, ist dies der Übungsplatz, auf dem du herausfinden wirst, ob du wirklich die Fähigkeit hast, „dein eigenes Leben nicht zu lieben".

Sie haben ihn besiegt durch das Blut des Lammes und durch das Wort ihres Zeugnisses und haben ihr Leben nicht geliebt bis zum Tod (Offenbarung 12,11).

Denke auch daran, dass Gott in einem Zeitrahmen von mehreren Generationen handelt, der weit über unsere vier- oder fünfjährigen politischen Zyklen hinausgeht. Im Großen und Ganzen wird die Gemeinde von Gott nicht gebeten (oder gar aufgefordert), in die eine oder andere Richtung zu wählen oder ein bestimmtes Regierungssystem zu unterstützen. Das Reich Gottes braucht nicht dein bevorzugtes politisches System, um zu wachsen – es wächst in *jedem* System.

Freiheit als „Gott"

Letztlich liebt unsere westliche Ideologie den Treiber der „Freiheit". Freiheit ist unbestreitbar ein Gott für fast jeden Bewohner der Welt. In völliger Freiheit, wie sie von den Reichen dieser Welt definiert wird, hast du jedoch die absolute Freiheit – ohne moralische Grenzen oder Zwänge –, zu sein, wer du sein willst. Wenn du sein kannst, wer oder was auch immer du sein willst, brauchst du weder einen Erlöser noch einen Gott, denn du nimmst dein Selbstverständnis nicht als fehlerhaft wahr. Du siehst dich selbst als sündlos und nicht erlösungsbedürftig.

Deshalb ist absolute Freiheit moralische Anarchie! Alle Menschen, die die Freiheit verehren, aber ohne die biblische Definition, dass es *die Freiheit ist, wie Christus zu sein*, haben die biblische Moral verloren. In einer promiskuitiven Gesellschaft ist die Freiheit außerhalb von Christus die treibende Motivation – jeder Bürger wird zu einem Gott. Die Freiheit außerhalb von Christus ist das Maskottchen, der Slogan, die Verfassung, die Motivation und das Lebensziel einer Gesellschaft, die sich der Selbstanbetung verschrieben hat. Glückwunsch, du hast dich selbst zum Gott gemacht!

Es ist schwer zu sagen, an welchem Punkt ein Volk in den Horror von Römer 1 verfällt, wo Gott es seiner Sünde „überlässt":

> *Deshalb gibt Gott sie in den Trieben ihrer Herzen der Unreinheit preis, damit ihre Leiber durch sie selbst entwürdigt werden. Denn sie vertauschen die Wahrheit Gottes mit der Lüge und ehren und verehren das Geschaffene mehr als den, der es geschaffen hat, der zu preisen ist in alle Ewigkeit! Amen* (Röm 1,24-25).

Hier, in Römer 1, wählt Gott einen Zeitpunkt, in dem er die Menschen ihren Leidenschaften überlässt, in dem ihre vermeintliche Freiheit zur Versklavung wird und sie zu ihren eigenen Kaisern werden – und dabei jedes Gefühl dafür verlieren, dass sie den König Jesus brauchen. Wir würden das eine „vorchristliche", völlig säkulare Gesellschaft nennen. Deshalb musst du damit rechnen, dass Gott mit solchen Menschen extrem umgeht. Mach dich darauf gefasst, dass es nicht angenehm sein wird – und dass deine Entscheidung an der Wahlurne manchmal nur ein kleiner Teil eines viel größeren Bildes dessen ist, was dein Land braucht.

Mit anderen Worten: Gottes Plan für dein Land könnte beinhalten, dass dein Land von Tyrannen regiert wird, die du nicht besonders magst, um die Menschen zur Umkehr und zu der Erkenntnis zu bringen, dass sie den Erlöser brauchen. (Das bedeutet natürlich nicht, dass du Tyrannen gutheißen und die Tyrannei unterstützen musst – die Gemeinde des ersten Jahrhunderts hat Nero und sein Zeichen nie gutgeheißen!)

Wir können alle Verbesserungen der Wissenschaft, der Moderne, der Unterhaltung und des Wohlstands haben, aber wenn die Heiligkeit Gottes missachtet wird, schreitet er ein und behindert die hochmütigen Ambitionen einer Nation auf grundlegende Weise. Die westlichen, freiheitsorientierten Nationen befinden sich vielleicht in der größten Sklaverei, die die Welt je erlebt hat. Sie haben durch ihre Liebe zur Selbstbefreiung und ihre Abneigung gegen jeden anderen Willen als ihren eigenen – und insbesondere gegen den Willen Gottes – Verbrechen gegen ihr eigenes Wohlergehen begangen. *„Das ist das Gericht: dass das Licht in die Welt gekommen ist, und die Menschen liebten die Finsternis mehr als das Licht, denn ihre Taten waren böse"* (Johannes 3,19).

Beobachte, wie der Zorn Gottes über die diktatorischen Tyrannen kommt, die ihr Volk versklaven, aber auch über die Torheit von uns im Westen, denn wir haben uns selbst versklavt. In Anbetracht dessen musst du erkennen, dass deine Wahlstimme zwar eine Rolle im Reich dieser Welt spielt, dass aber das Reich Gottes an einer viel, viel größeren Agenda arbeitet. Du solltest wissen und begreifen, dass Unannehmlichkeiten, Verfolgung und Kriege, auch wenn es uns nicht leichtfällt, sie anzunehmen (und wir sie auch nicht vorschnell herbeisehnen sollten), jetzt kommen können, um uns und unsere Mitmenschen zu schärfen, weil dies Gottes Weg ist, uns zurückzugewinnen.

Was, wenn du tatsächlich einen Ruf in die Politik hast?

Ein großer Teil dieses Buches ist für Propheten und prophetische Menschen geschrieben, die dazu berufen sind, die Stimme Gottes ihren Gemeinden, Städten und Nationen zu offenbaren (das bist wahrscheinlich du!).

Vielleicht bist du aber auch dazu berufen, in der Politik und im öffentlichen Dienst zu arbeiten. Wenn das der Fall ist, sei gesegnet! Diene nach besten Kräften und sei ein Licht in der Dunkelheit. Im Folgenden findest du einige wichtige Tipps, die du beachten solltest, wenn du dazu berufen bist:

- Beachte immer die Worte Jesu, dass du dich vor dem Sauerteig des Herodes und der Pharisäer hüten sollst. Mit anderen Worten: Hüte dich vor politischen und religiösen Geistern und davor, dass sie versuchen, alles zu verunreinigen. Dabei arbeiten sie oft für ein Ziel zusammen, das dem Reich Gottes entgegensteht.
- Lass dich nicht dazu verleiten, zu glauben, dass Politik, Politiker und politische Macht alle Antworten haben!
- Frag dich selbst: „Bin ich mit meinen Gedanken, Taten und Handlungen ein Licht in der Dunkelheit, oder versuche ich, den politischen Prozess zu nutzen, um Gesetze zu erlassen, von denen ich fälschlicherweise glaube, dass sie das Reich Gottes herbeibringen werden?"

- Denke daran, dass du in Babylon dienst. Wir sind nicht die Israeliten im Gelobten Land, sondern Bürger des Reiches Gottes, die sich in Babylon aufhalten. Unser Ziel ist es daher nicht, unsere Nation oder die Welt zu perfektionieren, sondern Gottes Perspektive, einen besseren Weg, anzubieten und der Gesellschaft eine Wahl zu ermöglichen – einfach, bescheiden und exzellent.
- Wir können die Verlorenen nicht dazu zwingen, Gottes Werte der Moral und politischen Gerechtigkeit zu verstehen.
- Die Anhänger Jesu waren überrascht, dass ihr Messias eher wie ein Diener kam als wie ein politischer oder militärischer Herrscher. Versuchst du, Jesus nach dem Bild des Ersteren oder des Letzteren darzustellen?
- Wir können der Welt die Ethik des Reiches Gottes nicht aufzwingen, aber wir können Menschen in das Reich Gottes rufen. Dennoch können wir einen großen Einfluss ausüben, wenn wir Salz und Licht sind und Alternativen zu den Lügen Satans bieten, der gesetzlos ist.
- Lass dich nie zu dem Gedanken verleiten: „Gott ist mit uns, aber nicht mit denen", wenn es um deine politische Zugehörigkeit geht. Denke daran, dass Gott auf keiner Seite steht, außer auf seiner eigenen.
- Wahrscheinlich hast du mit Christen, die auf der anderen Seite des politischen Spektrums stehen, mehr gemeinsam, als dir bewusst ist, denn ihr teilt eine christuszentrierte Reich-Gottes-Ideologie und ihre Werte. Wahrscheinlich hast du sogar mehr mit deinem Mitbürger aus dem Reich Gottes gemeinsam als mit jemandem aus deiner eigenen politischen Partei, der nicht gläubig ist!
- Versuche daher, wo immer möglich, an parteiübergreifenden Projekten zu arbeiten. Hüte dich vor Parteilichkeit und Stammesdenken und suche stattdessen nach gemeinsamen Lösungen bei Fragen der Ziviljustiz.
- Überprüfe deine Beweggründe mit Hilfe des Heiligen Geistes. Stelle Fragen wie:

- „Sehe ich die Welt durch eine Brille der Angst?“
- Betrachte ich diese oder jene Person als eine Bedrohung, die es zu beseitigen gilt, statt sie ebenfalls als ein Ebenbild Gottes zu sehen, mit dem man zusammenarbeiten kann?“
- „Verzehrt mich mein Glaube, dass ich für die Wahrheit kämpfe, so sehr, dass ich damit Hass oder einen Mangel an Mitgefühl und Liebe rechtfertige?“

Als Gläubige im Reich Gottes, als Nachfolger(innen) Jesu Christi, sollten wir unbedingt bereit sein, der Obrigkeit die Wahrheit zu sagen und höhere Standards für Gerechtigkeit, Rechtschaffenheit und das Gute einzufordern. Wir, die wir die Heilige Schrift durch die Brille des Heiligen Geistes studieren, haben eine Menge zum politischen Diskurs beizutragen. Es ist einfach nicht richtig zu sagen: „Wir lassen Gott außen vor“, wie es der Sprecher des ehemaligen Premierministers Tony Blair einmal getan hat, als er sich auf die Angst der Partei bezog, dass das Sprechen über den Glauben ihre Wahlchancen beeinträchtigen könnte.

Wir ziehen uns nicht aus der Gesellschaft zurück, wie es die Wiedertäufer taten. Christen *können* sich politisch engagieren und eine Kraft für das Gute sein, wie es christliche Führer wie William Wilberforce und viele andere im Laufe der Jahrhunderte bewiesen haben. Gläubige *können* für politische Ämter kandidieren und in der Regierung mitarbeiten.

Bedenke jedoch, dass Regierungen jeglicher Art am besten funktionieren, wenn sie die Zustimmung der Regierten haben – also der Menschen, die dich gewählt haben, um ihnen zu dienen. Wenn du Veränderungen anstrebst, die die Menschen, denen du dienst, nicht wollen, wirst du es schwer haben, ihnen deine Ansichten, deinen Glauben und deine Moral aufzudrängen! Wir müssen immer wissen, dass Menschenherzen nur durch die Beziehung zu Jesus wirklich und für immer verändert werden – durch unsere Prophetien, nicht durch unsere politische Partei, wirtschaftliche Ideologien oder unsere eigenen Vorlieben.

Prophetinnen und Propheten, ihr müsst die Wahrheit aus einem gereinigten, unbefleckten Lesen der Heiligen Schrift heraus sprechen, durch die Erleuchtung des Heiligen Geistes.

Sei nicht egoistisch, wenn es ums Wählen geht

Gott braucht es nicht, dass wir alle gleich aussehen oder über alles die gleiche Meinung haben. Selbst die zwölf Stämme Israels hatten unterschiedliche Eigenschaften und wurden trotzdem als Gottes Kinder angesehen. Und wie ich einmal jemanden sagen hörte: „Es war nicht die Tatsache, dass Kain Fleisch aß und Abel ein Ackerbauer war, die Gott ärgerte." Es kann mehr als einen Weg geben, um ein politisches, wirtschaftliches oder soziales Problem zu lösen, und die Tatsache, dass jemand eine andere Meinung hat als du, ist nicht unbedingt ein Zeichen für einen tiefen Fehler in seinem moralischen Charakter oder in seiner Fähigkeit, die Realität so zu sehen, wie sie ist!

In Gottes Augen ist meine Stimme nicht die wichtigste. Tatsächlich ist meine Stimme fast immer eine egoistische Stimme, motiviert durch meine eigenen Wünsche, Bedürfnisse und Ängste. Aber in einer Demokratie, in der jeder wählen darf, ist es gut und verantwortungsvoll, seine Stimme abzugeben und Teil des Prozesses zu sein.

Gott wird eine Nation segnen, die all ihren Bürgerinnen und Bürgern ein faires und gerechtes Mitspracherecht einräumt, wie sie regiert werden. Also nimm dein Mitspracherecht wahr! Aber vergiss nicht, dass es Gott mehr am Herzen liegt, dass die Ausgegrenzten und Unterdrückten eine Stimme haben. Jesus ist kein großer Fan von denen, die ihre Vorteile durchsetzen, um ihre eigenen Interessen zu schützen. Vielleicht bedeutet „Liebe deinen Nächsten wie dich selbst", dass du dafür sorgst, dass dein Nächster die Möglichkeit bekommt, seine Stimme abzugeben und von demjenigen vertreten zu werden, den er haben möchte, bevor du selbst wählen gehst. Wenn du also bestimmte Leute, ein Gebiet, eine Bevölkerungsgruppe oder eine Person kennst, die derzeit nicht wählen können oder aus irgendeinem Grund daran gehindert werden, tue, was du kannst, um ihnen bei der Stimmabgabe zu helfen – auch wenn es das Gegenteil dessen ist, wie du wählen würdest. Ich glaube, Gott wird dich dafür segnen!

Wie verhalten wir uns in Zeiten des Krieges?

In unserer Zeit nehmen die Konflikte zu. Das Feuer unserer politischen Diskussionen ist so heiß geworden, dass sich sogar Familienmitglieder gegen Familienmitglieder gewendet haben. Unsere Echokammern in den sozialen Medien dienen nur dazu, die Flammen des Stammesdenkens zu schüren, die zu zivilen Spaltungen und sogar zu Krieg führen. Propheten sollten sich in Zeiten des Krieges anders vorbereiten und verhalten als in Zeiten des Friedens. Wir sollten niemals ängstlich auf einen drohenden Krieg reagieren, egal ob es sich um einen Bürgerkrieg innerhalb unserer Landesgrenzen oder um einen größeren geopolitischen Konflikt handelt. Jesus wies seine Jünger an, standhaft zu bleiben, denn:

> *Ihr werdet (Lärm) von Kriegen und Nachrichten von Kriegen hören; seht zu, dass ihr euch nicht erschrecken lasst! Denn es muss geschehen, aber es ist noch nicht das Ende. Ja, es wird Volk gegen Volk aufstehen und Reich gegen Reich, und je nach Art der Orte wird es Hungersnöte und Erdbeben geben; das alles ist ein Anfang von Geburtswehen.*
>
> *Dann wird man euch in Bedrängnis ausliefern und euch töten, und wegen meines Namens werdet ihr von allen Völkern gehasst sein. Für viele wird es dann ein Ärgernis sein, und sie werden einander ausliefern und einander hassen. Viele falsche Propheten werden aufstehen und viele irreführen. Und weil sich das Unrecht vermehren wird, wird die Liebe der meisten erkalten. Wer aber durchhält bis zum Ende, der wird gerettet werden* (Matthäus 24,6-13).

Trotzdem kann es sehr verlockend sein, das Schwert in die Hand zu nehmen und in den Kampf zu ziehen (auch wenn unser „Schwert" ein Stift, eine Tastatur oder unsere eigene Stimme ist). Selbst Jesu eigene Jünger, die bei ihm waren, als er mit Liebe und Mitgefühl diente, griffen schnell wieder zu Gewalt und menschlichen Waffen – Jakobus und Johannes (die „Donnersöhne") wollten Feuer herbeirufen, und Petrus setzte sein Schwert gegen die Tempelwache ein. Doch am Ende entschied sich jeder dieser Jünger anders. Sie folgten dem Weg Christi und starben als Märtyrer.

> *Die Herrschergewalten und die Mächte hat er ganz ausgezogen, in der Öffentlichkeit bloßgestellt und sie im Siegeszug mit sich geführt* (Kolosser 2,15).

Unser Weg mitten im Krieg ist Demut, Liebe, Mitgefühl, Furchtlosigkeit und die Entmachtung des Feindes, indem wir durch die Kraft und Liebe Gottes unser Leben hingeben. Prophetinnen und Propheten, wir müssen jeder Vorstellung und Versuchung widerstehen, die fleischlichen Waffen der Welt in die Hand zu nehmen, uns damit in den Kampf zu stürzen und zurückzuschlagen.

Wir sollen unsere Feinde lieben und für diejenigen beten, die uns verfolgen. Folgt dem Beispiel unserer Brüder und Schwestern in Ländern wie China, wo die Mitglieder der dortigen Untergrundkirche ihr Leben füreinander *und* für ihre Feinde hingeben – es ist eine Märtyrerbewegung, die eine große und mächtige Ernte einfährt!

Möge Matthäus 5 unser Manifest sein, und mögen wir uns Paulus anschließen und sagen: *„Mit dem Messias bin ich hingerichtet am Kreuz, und ich lebe nicht mehr, der Messias lebt in mir. Was ich jetzt lebe im menschlichen Körper, das lebe ich im Glauben an den Sohn Gottes, der mich geliebt und sich für mich ausgeliefert hat"* (Galater 2,19b-20).

Gebet

Himmlischer Vater, dein Reich komme und dein Wille geschehe, hier auf Erden wie im Himmel. Geist des lebendigen Gottes, erfülle mich und leite mich, damit ich ein Sprecher deines Reiches sein kann und es verkörpere. Gib mir bitte die Gabe der Unterscheidung, damit ich erkennen und verstehen kann, was die Kultur des Himmels ist und was die des Satans – Babylon.

Herr Jesus, befähige uns durch deinen Geist, dass wir eine geläuterte, prophetische Endzeitgemeinde sind, wie die Zeugen in Offenbarung 11. Mögen wir wirklich Salz und Licht sein. Jesus, ich entscheide mich dafür, meinem Vorreiter-Ruf zu folgen und ein Revolutionär zu sein, der nicht versucht, sich selbst, seinen Ruf, seine Meinung oder seine Vorurteile zu verteidigen. Ich entscheide mich dafür, zu suchen und herauszufinden, was du über die Dinge denkst, damit ich und meine prophetischen Mitstreiter(innen) dich in Mitgefühl und durch transformative, geisterfüllte Kraft besser widerspiegeln können.

Mögen wir, deine Gemeinde, nicht länger auf von Menschen geschaffene Strukturen schauen, damit diese uns retten, finanzieren, verteidigen oder Gesetze für uns erlassen. Wir lehnen das Imperiums- und das Herrschaftsdenken ab und entscheiden uns für ein gottgefälliges Leben als „Fremde und Exilanten" mitten in Babylon. Mögen wir eine gesunde, leuchtende Braut inmitten unserer Nation sein.

Jesus, bitte vergib mir, wenn ich meine Nation, meine Partei oder meine politischen Vorlieben zu einem Götzen gemacht habe. Hilf mir, dass ich mich von allen Ideologien befreie, die nicht zu dir und deinem Reich gehören.

Herr, dein Wille soll in uns und in den Nationen geschehen. Amen!

Schließlich

Prophetinnen und Propheten, denkt daran, dass Gott immer an einem riesigen Erlösungsplan arbeitet und alles tun wird, um uns für immer bei sich zu haben.

ANHANG

Gibt es Schaf- und Ziegennationen?

Gott wird die Menschen trennen

In Kapitel 7 habe ich erklärt, dass es in der Bibel kein Konzept von „Schafsnationen" (gute, gottesfürchtige Staaten) und „Ziegennationen" (rebellische, götzendienerische Länder) gibt. Vielleicht hast du schon gegenteilige Lehren gehört. Vielleicht hast du gebetet oder erklärt, dass dein Land eine „Schafs-" und keine „Ziegennation" sein soll. Der Irrglaube, dass das Heil durch die nationale Identität oder das Geburtsrecht zustande kommen könnte, basiert auf einer schlechten Übersetzung der Worte Jesu in Matthäus 25,32. Eine gute, moderne Übersetzung dieses Verses lautet:

> *Alle Völker werden vor ihm versammelt werden, und er wird die Menschen in zwei Gruppen teilen, so wie ein Hirte die Schafe von den Ziegen trennt* (Matthäus 25,32 HFA).

Eine andere Bibelübersetzung drückt es auf ähnliche Weise aus:

> *Alle Völker der Erde werden vor ihm versammelt werden, und er wird die Menschen in zwei Gruppen teilen, so wie ein Hirt die Schafe von den Böcken trennt* (Matthäus 25,32 GNB).

Warum hat man mich etwas anderes gelehrt?

Leider haben einige der populären, älteren Bibelübersetzungen, mit denen du vielleicht vertraut bist, eine etwas andere Version dieses Verses, wie zum Beispiel:

> *... und alle Völker werden vor ihm versammelt werden. Und er wird sie voneinander scheiden, wie ein Hirt die Schafe von den Böcken scheidet* (Matthäus 25,32 LUT).

Du kannst sehen, wo sich hier der verbreitete Irrtum eingeschlichen hat, nämlich dass es die *Völker bzw. Nationen* und nicht die Menschen sind, die voneinander getrennt werden. Die NIV-Studienbibel gibt eine fachliche Erklärung dafür, wie die Übersetzer dazu kamen, die griechischen Originalmanuskripte am besten auszulegen:

> „Alle Völker": Sowohl Juden als auch Heiden.
> Völker: Griechisch *ethne* (Neutrum Plural) klingt zunächst so, als würden ethnische oder Volksgruppen als Ganzes gerichtet werden. Aber Jesus wird tatsächlich „die Leute" (griechisch *autous,* „sie" [Maskulinum Plural]) „voneinander scheiden", was sich auf das persönliche Urteil über jeden Einzelnen bezieht. Schafe und Ziegen in Israel sahen sich aus der Ferne oft ähnlich und weideten oft zusammen. Aber nachts mussten sie getrennt werden, weil die Ziegen einen wärmeren Platz zum Ausruhen brauchten.
> Rechts ... links: Die rechte Hand bzw. Seite eines Menschen galt als die ehrenvollere, die linke als die schändlichere.[1]

Mit anderen Worten: Anhand der griechischen Grammatik können wir erkennen, dass „sie", die getrennt werden, die Menschen sind und nicht die Nationen.

Jesus bezieht sich auf die Propheten des Alten Testaments

All das, was Jesus in diesem Abschnitt prophezeite, war den Juden, zu denen er sprach, völlig vertraut. Vergessen wir nicht, dass Jesus zuerst als Messias zu Israel kam, und in diesen Gleichnissen aus Matthäus 24 und 25 prophezeite und warnte er Israel. Die Krise war zuerst ihre, und er führte ihnen die Wahl, vor der

[1] Übersetzt aus der *New International Version Study Bible* – Zondervan Publishers.

sie standen, in aller Deutlichkeit vor Augen. Jesus stellt Israel in das „Tal der Entscheidung" (s. Joel 3).

Das jüdische Volk war mit den Propheten des Alten Testaments, wie z. B. Hesekiel, der oft von Schafen und Hirten sprach, gut vertraut:

> *Wie ein Hirte sich seiner Herde annimmt am Tag, da er unter seinen zerstreuten Schafen ist, so werde ich mich meiner Schafe annehmen und werde sie retten aus allen Orten, wohin sie zerstreut worden sind am Tag des Gewölks und des Wolkendunkels. Und ich werde sie herausführen aus den Völkern und sie aus den Ländern sammeln und sie in ihr Land kommen lassen; und ich werde sie weiden auf den Bergen Israels, an den Bachrinnen und an allen Wohnplätzen des Landes* (Hesekiel 34,12-13).

„Aus allen Orten" und *„aus den Völkern"* und *„aus den Ländern".* Natürlich prophezeit Hesekiel in erster Linie den verstreuten Exilanten seiner Zeit (Israel in Babylon), aber hier sehen wir auch eine Vorhersage der großen zukünftigen Versammlung der Nichtjuden aus allen Völkern. Dieses unglaubliche Kapitel schließt mit den wunderbaren Versen:

> *Dann werden sie erkennen, dass ich, der HERR, ihr Gott, ihnen beistehe und dass sie, die Israeliten, mein Volk sind. Mein Wort gilt! Ja, ihr seid meine Herde, und ich bin der HERR, euer Gott; ich führe euch auf gute Weide. Darauf könnt ihr euch verlassen!* (Hesekiel 34,30-31 HFA).

Wer sind diese Israeliten, von denen der Prophet spricht? Du und ich! Wir sind seine Schafe. Er hat uns aus den heidnischen, ungläubigen Völkern gerettet.

> *Und ich werde einen Bund des Friedens mit ihnen schließen …* (Hesekiel 34,25a).

Das ist der Neue Bund (s. Jeremia 31,31-34, Philipper 4,7).

Nachdem wir Gott nun gedankt und uns einen Moment lang an dieser Wahrheit erfreut haben, müssen wir uns wieder damit beschäftigen, warum wir uns das ansehen. Hast du die Unterscheidung in Vers 17 gesehen?

> *Und ihr, meine Herde, so spricht der Herr, HERR: Siehe, ich werde richten zwischen Schaf und Schaf, den Widdern und den Böcken* (Hesekiel 34,17).

Gott sagt den Israeliten: „Ich richte zwischen Schaf und Schaf." Es ist so wichtig, dass wir das erkennen. Gott macht einen Unterschied zwischen Schafen. Ein Israelit zu sein, ist keine Garantie für die Zugehörigkeit zum Überrest. Du magst ein Schaf der Herde sein, aber es gab noch nie ein Geburtsrecht auf Erlösung. Es ging seit Abraham immer um Treue, Glauben und Loyalität zu Gott.

Und das bringt uns direkt zurück zur Prophezeiung Jesu, die die Worte Hesekiels widerspiegelt:

> *Alle Völker werden vor ihm versammelt werden, und er wird die Menschen in zwei Gruppen teilen, so wie ein Hirte die Schafe von den Ziegen trennt* (Matthäus 25,32 HFA).

Deshalb können wir sicher sein, dass Jesus nicht von „Schafsnationen" und „Ziegennationen" spricht – was eine Erleichterung für diejenigen von uns sein sollte, die in sehr rebellischen Ländern leben!

Es gibt noch so viel mehr, was wir in Hesekiel 34 finden können – weitere Verweise auf Jesus, auf Pfingsten und auf die Offenbarung. Mach dir doch eine Notiz, dieses Kapitel später ganz zu lesen.

Über die Autorin

Emma Stark ist eine irische Prophetin, Autorin sowie eine Rundfunk- und TV-Persönlichkeit. Sie ist weltweit für ihre Autorität, Authentizität und keltische Kühnheit bekannt. Als Bibellehrerin in fünfter Generation hat Emma Stark einen Abschluss in Politik und Soziologie gemacht, bevor sie eine erfolgreiche Karriere in der Wirtschaft begann.

Im Jahr 2009 gründete sie eine internationale prophetische Bewegung, die *Global Prophetic Alliance,* die sie zusammen mit ihrem Mann leitet. Von ihrer Basis in Schottland aus bildet Emmas Team Hunderttausende auf der ganzen Welt darin aus, von Gott zu hören, Freiheit zu erlangen und als prophetische Krieger(innen) zugerüstet zu sein.

Weitere Produkte von GloryWorld-Medien

„Himmlische Bücher für die Erde"

Blake K. Healy, Durch den Schleier sehen

Eine Einladung in die unsichtbare Welt; 176 S. Pb.

Blake K. Healy sieht Engel und Dämonen seit seiner Kindheit – und zwar so klar wie natürlich sichtbare Dinge. Er sieht zum Beispiel Engel in Anbetungsgottesdiensten tanzen und Ermutigungsworte in die Ohren von Menschen flüstern, doch genauso sieht er auch Dämonen, die sich an Leute heften und so Abhängigkeiten, Lügen und Bitterkeit in deren Herzen und Gedanken aufrechterhalten.

In diesem Buch erzählt er einige dieser Begegnungen und wie er in dieser Gabe reifte und dabei die Angst und Verwirrung über die Dinge, welche er sah, überwand. Und ebenso, und wie er lernte, die Gabe des Sehens zu Gottes Verherrlichung zu nutzen und andere darin zu lehren. *„Ich wollte nicht, dass dieses Buch jemals endet!"* (Bill Johnson)

Blake K. Healy, Vollkommen gut

Gott mit den Augen seiner Liebe sehen lernen; 184 S., Pb.

Auch in diesem Buch lässt uns Blake Healy daran teilhaben, was er in alltäglichen und speziellen Situationen im Geist sieht, sei es bei einer Gerichtsverhandlung, zu Hause, im Freibad, oder bei einem evangelistischen Einsatz. Doch schmerzhafter, als im Geist die klaffenden Wunden eines emotionalen Traumas oder dämonische Gebundenheit zu sehen, ist für ihn, *wenn die Güte Gottes von seinem Volk nicht in Anspruch genommen wird.*

Mit diesem Buch verfolgt er deshalb zwei Ziele: Er möchte anhand von drei Schlüsseln die *Gabe des Sehens im Geist in uns aktivieren,* und er möchte, dass wir dadurch *die Güte Gottes wiederentdecken.*

Blake K. Healy, Unzerstörbar

Führe deine geistlichen Kämpfe aus der Perspektive des Himmels; 192 S., Pb.

Welche Fallen und Taktiken wenden Dämonen an, und wie können wir diese meiden? Dieses Buch fasst zusammen, was Blake K. Healy in über dreißig Jahren über die Pläne des Feindes und ebenso die des Himmels gelernt hat.

Wir lernen, wie wir die Komplotte, Pläne und Lügen des Feindes aufdecken und abwehren können und gleichzeitig die Pläne des Himmel vorantreiben können. Sein Hauptanliegen ist dabei, dass wir den geistlichen Kampf nicht aus eigener Kraft, sondern aus der Perspektive des Himmels führen, und ein Leben aufbauen, das unzerstörbar ist.

Blake K. Healy

Die Sprache des Himmels verstehen

Erkenne und entfalte Gottes Wirken in jedem Bereich deines Lebens; 160 S., Pb.

Wie funktioniert die geistliche Welt? Diese Frage wird Blake Healy seit Jahren auf die eine oder andere Weise gestellt, seit andere erfahren haben, dass er Engel, Dämonen und andere geistliche Realitäten mit bloßen Augen sehen kann, und zwar so deutlich wie alles andere.

Mit inspirierenden Geschichten und auf Grundlage der Bibel zeigt er, wie die geistliche Welt funktioniert, wie wir lernen können, die Sprache des Himmels zu verstehen, und was der Unterschied ist zwischen dem, was weltlich ist, was heilig ist und was unser Platz als geistliche Wesen in dieser riesigen und wunderbaren Welt ist.

James Goll

Der Prophet

Eine gesunde prophetische Kultur fördern und bewahren; 216 S.

Hellseher, Esoteriker und okkulte Medien sind in der Gesellschaft präsent, weil die Menschen hungrig nach geistlichen Wahrheiten sind, die ihnen in ihren persönlichen Situationen weiterhelfen. Allerdings ist das eine große Fälschung des Dienstes der Propheten, die uns durch den Geist Gottes in Echtzeit mit Gottes Plänen und Zielen in Verbindung bringen.

James Goll zeigt auf, wie du selbst im Prophetischen vorankommst und es in deinen Einflussbereich hineinbringst und wie es seinen rechtmäßigen Platz in der Gemeinde bekommt.

James Goll, Die Gaben des Heiligen Geistes freisetzen; 216 S., Paperback

Der Heilige Geist demonstriert Gottes übernatürliche Kraft durch seine Gemeinde heute, indem seine Herrlichkeit auf globaler Ebene freigesetzt wird. Alle Gaben Gottes sind immer noch voll funktionsfähig, und jeder einzelne Gläubige ist dazu bestimmt, im Fluss Gottes zu leben und seine Bestimmung zu erfüllen.

James Goll zeigt auf, wie der Heilige Geist durch die neun bekanntesten Geistesgaben wirkt und wie wir sie unter Gottes Leitung für die Erfüllung des Missionsbefehls einsetzen können.

Anhand vieler anschaulicher Beispiele aus der Bibel und aus der Gegenwart lernen wir, wie geistliche Gaben in der Praxis funktionieren. Aber es geht in diesem Buch nicht nur darum, wie man seine geistlichen Gaben entdeckt oder empfängt, sondern wie man sie freisetzt und weitergibt!

Kevin Basconi, Mit den Engeln tanzen (Band 1)

Die Grundlagen: Gottes Engel erkennen, einladen und beauftragen; 240 S.; Paperback

Mit diesem Buch stellt uns Kevin Basconi eine inspirierende, glaubensstärkende und praktische Anleitung zur Verfügung, wie ganz normale Gläubige mit Engeln zusammenarbeiten und sie sogar beauftragen können, um den Willen Gottes auszuführen.

Sein Buch ist voller spannender persönlicher Berichte, in denen er uns an seinem wachsenden Verständnis über das Wirken der Engel teilhaben lässt. Er erläutert, wie unsere Fähigkeit, Gottes Willen zu tun, dramatisch zunimmt, sobald wir mit Engeln zusammenwirken.

Das Buch ist eine großartige Hilfe für die Gemeinde, um sie auf die Zeit der Ernte vorzubereiten, in der Engel eine tragende Rolle spielen werden, und sie für die bevorstehenden Heilungserweckungen zuzurüsten.

Außerdem erhältlich: Band 2 und 3

Dr. Henry Wright

Die geistlichen Ursachen von Krankheiten

Klare Antworten auf Ihre Fragen zu Krankheitsprävention und Heilung, 208 Seiten, Pb.

Gemäß den langjährigen Erfahrungen des Autors haben etwa 80 Prozent aller Krankheiten eine geistliche Ursache und sind die direkte Folge einer gestörten Beziehung zu Gott, zu uns selbst oder zu anderen. Gott offenbarte ihm aus seinem Wort, was die geistlichen Ursachen von Krankheiten und den Blockaden zur Heilung sind.

Er geht insbesondere auf folgende Krankheitsarten ein: Allergien, Autoimmunerkrankungen, psychische Störungen, Herz-Kreislauf-Erkrankungen und Belastungsstörungen (z. B. Stresskrankheiten).

James Goll

Geistlich wahrnehmen und unterscheiden

Wie wir Offenbarungen empfangen, prüfen und anwenden können; 216 S.

James Goll erklärt, dass jeder Nachfolger Jesu geistliche Offenbarungen empfangen und prüfen kann, auch wenn einige als Propheten besonders begabt sind. Er legt präzise dar, wie wir unsere Sinne dem Heiligen Geist hingeben können, damit wir geistlich wahrnehmen können.

Und er erläutert, wie wir Offenbarungen prüfen, anwenden und letztlich verinnerlichen können, damit die Menschen sie nicht nur hören, sondern in uns sehen.

Für das vertiefte Studium ist ein Arbeitsbuch erhältlich.

Markus Herbert, Komm höher herauf! (Band 1)

Visionen vom Berg Zion, dem Garten Eden und dem himmlischen Jerusalem; 136 Seiten, Paperback

Dieses Buch ist ein Zeugnis dafür, dass es sich lohnt, sich im Geist auf das Abenteuer einzulassen, himmlische Orte schon jetzt aufzusuchen. Sowohl der himmlische Vater als auch Jesus Christus und der Heilige Geist konnten dem Autor dort tiefe Einsichten vermitteln.

In fortschreitenden Visionen durfte der Autor nicht nur den Berg Zion, sondern auch das Paradies und das himmlische Jerusalem besuchen. Das Eindrücklichste und zugleich Herausforderndste für ihn war, dem himmlischen Vater in seinem Vaterherzen zu begegnen.

Neu: Komm höher herauf! (Band 2): *Neue Visionen vom Berg Zion, dem Garten Eden und dem himmlischen Jerusalem;* 196 Seiten, Paperback.

Henk Bruggeman

Das Herz des Vaters entdecken

Unsere Identität als Söhne und Töchter Gottes empfangen

200 S.; Paperback

Gott sehnt sich mehr denn je danach, seinen Kindern sein Vaterherz zu offenbaren. Er möchte, dass wir ihn nicht nur mit dem Kopf, sondern vor allem mit dem Herzen kennenlernen. Statt einer Distanziertheit soll eine innige Vertrautheit unsere Beziehung zu ihm prägen. Darüber hinaus möchte er uns aber eine neue Identität schenken: die Identität der Sohnschaft. Wir entdecken mehr und mehr, wie wir als echte Söhne und Töchter Gottes leben können.

Phil Mason, Quanten-Herrlichkeit

Die Wissenschaft von der Inbesitznahme der Erde durch den Himmel; 520 Seiten, Paperback

Quanten-Herrlichkeit erläutert auf eine äußerst spannende Weise die Zusammenhänge zwischen den faszinierenden Erkenntnissen der Quantenmechanik und der Herrlichkeit Gottes, die sich u. a. in Heilungswundern äußert.

Der erste Teil untersucht die subatomare Welt und enthüllt ihren außergewöhnlich komplexen göttlichen Plan, der die Genialität unseres Schöpfers offenbart.

Im zweiten Teil erklärt der Autor ausführlich, wie die Herrlichkeit Gottes in unser physisches Universum eindringt, um Wunder göttlicher Heilung zu bewirken.

Das Buch ist vollgepackt mit verblüffenden Erkenntnissen, aber mehr als das, ist es dazu bestimmt, uns für den übernatürlichen Dienst auszurüsten, damit wir die Herrlichkeit Gottes auf der Erde freisetzen, wie sie im Himmel ist!

Jonathan Welton, Die Schule der Seher

Eine praktische Anleitung, wie man ins Unsichtbare hineinsehen kann; 224 S.; Pb.; Vorwort von Randy Clark

Viele Christen haben angefangen, übernatürliche Phänomene zu erleben: Träume, (offene) Visionen, Engel oder Dämonen. Aber es mangelt ihnen an solider biblischer Lehre und sie sind zu dem geworden, was man als *Seherwaisen* bezeichnet: Sie suchen verzweifelt nach jemandem, der sie trainiert, ermutigt und freisetzt.

Das Ziel von Jonathan Welton war deshalb, ein praktisches Handbuch herauszubringen, das den Leib Christi mit den Informationen ausrüstet, die notwendig sind, um in der Dimension des Prophetischen bzw. des Sehers zu wachsen und im Leben im Übernatürlichen Reife zu erlangen.

Cornelia Weinmann, Jesus ruft seine Braut

Gottes Herzschlag für Deutschland entdecken

344 S., Paperback.

Wofür schlägt Gottes Herz, was ist die Berufung der Braut Christi in Deutschland und was könnte uns hindern, diese Berufung anzunehmen?

Dieses Buch entfaltet die atemberaubende Liebesgeschichte zwischen Gott und uns Menschen, wie sie im Hohelied angedeutet wird. Wir sind eingeladen, Jesu Braut zu sein! Insbesondere werden wir dabei auch den Herzschlag Gottes für Deutschland entdecken.

Sind wir von den Traumata der Vergangenheit befreit, können wir im Takt seiner Liebe in neugewonnener Leichtigkeit in eine neue Zukunft gehen. Der Ruf geht nämlich schon durch die Welt: „Seht, der Bräutigam kommt! Geht hinaus, ihm entgegen!" (Mt. 25,6).

Tommy Welchel und Michelle P. Griffith

Wahre Geschichten und Wunder der Azusa Street

Eine der größten Erweckungen der Geschichte, die heute wieder aktuell ist; 200 S., Pb.

Tommy Welchel besuchte in den 1960er-Jahren die Leute, die als Jugendliche wesentlich an einer der größten geistlichen Erweckungen beteiligt waren – der Azusa-Street-Erweckung. Sie erzählten ihm aus erster Hand, welche außergewöhnlichen Wunder und Heilungen sie damals erlebten, wenn sie für Menschen beteten.

Erst vor Kurzem gab Gott dem Autor die Erlaubnis, diese Geschichten in Buchform zu veröffentlichen. Inzwischen werden sie auf der ganzen Welt erzählt und die Folgen sind immer noch erstaunlich: Wunderbare Heilungen, übernatürliche Phänomene und Lösungen für das Unmögliche.

Luc Niebergall, Eine zeitlose Reise

Wie ich den Himmel erkunden und meine Identität empfangen durfte; 144 S., Paperback

Ab dem Alter von 16 Jahren wurde Luc Niebergall eine unglaubliche „Reise" in die Herrlichkeit der Person Jesu zuteil. Nach acht Jahren Visionen, Träumen und himmlischen Begegnungen schrieb er einiges davon auf.

Dieses Buch ist ein Aufruf an die Söhne und Töchter Gottes, ihr volles Erbe zu empfangen, das darin besteht, in einer ewigen, intimen Beziehung zu Gott selbst zu leben. Begegnen wir der intimen Liebe Gottes, des Vaters, fällt die falsche Identität der Waisenschaft von uns ab. Wir werden zu siegreichen Söhnen und Töchtern, welche den Nationen Heilung und Wiederherstellung bringen.

Luc Niebergall

Einen prophetischen Lebensstil entwickeln

Werde zum Sprachrohr Gottes für die Welt!

120 S., Paperback

Als Söhne und Töchter Gottes haben wir die übernatürliche Fähigkeit erhalten, seine Stimme zu hören. Zu verstehen, wie er zu uns spricht, ist ein wesentlicher Faktor, um den Herrn als Freund zu kennen.

Der prophetische Dienst ist nicht wenigen Auserwählten vorbehalten, sondern für alle da. Gott erweitert unsere Fähigkeit zu verstehen, wie er mit uns spricht: durch sein (leises) Reden, durch Visionen, Träume und viele andere Wege. Gott weckt unsere geistlichen Ohren, sodass wir sein Sprachrohr für diejenigen sein können, denen er eine Begegnung mit seiner Liebe schenken möchte.

Luc Niebergall

Ganzheitlich siegreich leben

Wie wir in allen Lebensbereichen gegen die Angriffe des Feindes immun werden; 124 S., Paperback

Der geistliche Kampf scheint ein komplexes Thema zu sein. Luc Niebergall liegt daran, es zu entmystifizieren und einfach verständlich zu machen. Er stellt dazu praktische und geistliche Werkzeuge vor, die uns helfen, siegreich zu leben, was Körper, Seele und Geist angeht.

Somit wird unser ganzes Wesen unter die Herrschaft Jesu gebracht, anstatt dem Feind in irgendeiner Form Raum zu geben. Verstehen wir unsere königliche Identität, können wir den geistlichen Kampf aus einer Haltung der Ruhe, der Autorität und des Sieges führen.

Barry & Lori Byrne, Liebe in der Ehe

Eine tiefere geistliche, emotionale und körperliche Einheit erleben; Vorwort von Bill Johnson; 334 S., Klappenbroschur

Gott möchte, dass die Ehe ein Ort echter Liebe und Vertrautheit ist. Dafür brauchen wir die Hilfe des Heiligen Geistes. Mit ihm können wir die Ursachen unserer Konflikte erkennen und überwinden. Unsere Ehe kann Heilung und Wiederherstellung erfahren, egal, wie der momentane Zustand ist.

Mit klarer biblischer Lehre und vielen praktischen Hilfen packen die Autoren die wichtigsten heißen Eisen an. Viele ermutigende Erfahrungsberichte verdeutlichen die dramatische Heilung und Intimität, die mit Gottes Hilfe möglich ist.

Dr. Larry Richards

Die volle Waffenrüstung Gottes

Gut geschützt gegen die Angriffe des Bösen; 208 Seiten, Pb.

Die Bibel macht deutlich, dass ein Großteil unserer Unsicherheiten, Ängste und Zweifel auf den Machenschaften böser Mächte beruhen. Deshalb ist es so entscheidend, dass wir sowohl die Strategien kennen, die Satan benutzt, um uns anzugreifen, als auch die Rüstung, die Gott uns zur Verfügung stellt, um uns dagegen zu schützen.

Eine biblische Dämonologie, Hilfen zum Umgang mit dem Bösen in der Seelsorge sowie Lektionen für „Lebe-frei-Selbsthilfegruppen" runden das Buch ab.

Dr. Charity Virkler-Kayembe / Dr. Mark Virkler

Höre Gott durch deine Träume

Gottes Reden in der Nacht verstehen; 288 S., Pb.

In der Bibel finden wir sehr viele Beispiele für Gottes Reden durch Träume. Auch heute möchte er uns durch Träume wichtige Botschaften zukommen lassen. Doch beachten wir sie oft wenig oder wissen nicht, wie sie zu deuten sind.

Diesem Missstand möchte dieses Buches abhelfen. Die Autoren haben sehr viele Erfahrungen im Umgang mit Gottes Reden gesammelt. Das Buch ist ein praktischer, leicht verständlicher und biblischer Leitfaden, um die Sprache zu verstehen, die Gott in unseren Träumen benutzt.
